谨以此书献给中国第一代民办大学创业者

八十而述

褚清源 著

山东文艺出版社

郑州科技学院创始人、董事长　刘文魁

博學篤行

明德至善

文魁書

郑州科技学院校训　　刘文魁书

专家推荐语

刘文魁先生是中国第一代民办教育创业者的典型代表。他所创办的郑州科技学院是中国民办高等教育发展的缩影。30年来，刘文魁先生和他的团队注重内涵建设，使学校靠工科特色和就业质量赢得了社会认可。这本书记录了他的教育人生和创业心路，值得阅读。

——中国民办教育协会会长　王佐书

我和刘文魁教授同为大学教师出身，都于20世纪80年代开始办学，有着相同的办学经历。在30年的办学历程中，我们互通有无、患难与共、守望相助，共同走出了一条以学养学、滚动发展的办学之路。他德高望重、淡泊名利、老骥伏枥、志在千里，为河南民办教育树立了楷模。

——河南省民办教育协会会长、黄河科技学院董事长　胡大白

刘文魁先生是中国民办高等教育的优秀代表。目前中国民办高校整体实力相比公办高校还有不小的差距，跻身世界一流私立高校的行列更需要几代人的不懈努力，但民办教育在制度上仍有优于公办教育之处，只要能获得公平竞争的环境，假以时日，民办高校必能在中国高等教育发展中发挥更加积极的作用，更多的像刘文魁一样的教育家将会在中国民办高等教育发展中发出璀璨的光芒。

——浙江大学教育学院教授　吴华

媒体推荐语

在刘文魁的人生坐标中，办教育是他愿意为之倾注毕生心血的事业。在创业路上遇到的每一个发展的岔路口，刘文魁总能做出正确的抉择，从而迎来柳暗花明。为此，业内人士也评价刘文魁低调寡言但又富有远见和胆识。

——摘自《人民政协报》

刘文魁先生对坚持为区域经济建设和社会发展服务、培养应用型人才作为学院的办学目标有许多真知灼见。他说，关键在于与时俱进，树立独特的办学理念，在做好"六个特别"上下功夫：一是需要特别的人才定位，突出应用型；二是需要特别的教师，突出双师型；三是需要特别的校长，突出创新型；四是需要特色的专业，突出复合型；五是需要特别的教改，突出实用型；六是需要培养特需的人才，突出专门型。

——摘自《中国教育报》

改革开放走过40年，尽管刘文魁所创办的民办大学已有30年历史，但是，作为学校的创始人，刘文魁却很少走到聚光灯下。他始终默默耕耘在民办教育一线，不张扬，不急躁，不浮夸，不功利。这一特质决定了他是一个值得挖掘的有故事的人。

——摘自《中国教师报》

编辑推荐语

一本书总要有她要表达的核心主题，但读一本书，不同的读者又总会与不同的主题不期而遇。比如，这本书可能成为一本励志书。

一位"80后"老人对一件事的孜孜以求，一位拒绝常规晚年生活的老人，在日复一日的工作中所呈现出的年轻态，让人感佩不已。

美国作家塞缪尔·厄尔曼曾写过一篇只有400多字的散文。此文首次发表的时候，成千上万的读者把它抄下来当作座右铭收藏，许多中老年人还把它作为安排后半生的精神支柱。美国麦克阿瑟将军在指挥整个太平洋战争期间，办公桌上就摆着装有短文《年轻》复印件的镜框，文中的许多的词句常被他在谈话或开会作报告时引用。后来此文传到日本，文章的观点成为许多日本人生活哲学的基础。松下电器的创始人松下幸之助说："多年来，《年轻》始终是我的座右铭。"

在您即将打开这本书的正文时，邀您先品读一下这篇脍炙人口的美文——

年轻，并非人生旅程的一段时光，也并非粉颊红唇和体魄的矫健。

它是心灵中的一种状态，是头脑中的一个意念，是理性思维中的创造潜力，是情感活动中的一股蓬勃的朝气，是人生春色深处的一缕东风。

年轻，意味着甘愿放弃温馨浪漫的爱情去闯荡生活，意味着超越羞涩、怯懦和欲望的胆识与气质。而60岁的男人可能比20岁的小伙子更多地拥有这种胆识与气质。没有人仅仅因为时光的流逝而变得衰老，只是随着理想的毁灭，人类才出现了老人。

岁月可以在皮肤上留下皱纹，却无法为灵魂刻上一丝痕迹。忧虑、恐惧、缺乏自信才使人佝偻于时间尘埃之中。

无论是 60 岁还是 16 岁，每个人都会被未来所吸引，都会对人生竞争中的欢乐怀着孩子般无穷无尽的渴望。

在你我心灵的深处，同样有一架无线电台，只要它不停地从人群中，从无限的时间中接受美好、希望、欢欣、勇气和力量的信息，你我就永远年轻。一旦这架无线电台坍塌，你的心便会被玩世不恭和悲观失望的寒冷酷雪所覆盖，你便衰老了——即使你只有 20 岁。但如果这架无线电台始终矗立在你心中，捕捉着每个乐观向上的电波，你便有希望超过年轻的 80 岁。

所以，只要勇于有梦、敢于追梦、勤于圆梦，我们就永远年轻！

千万不要动不动就说自己老了，错误引导自己！年轻就是力量，有梦就有未来！

序一
让民办教育故事流转起来

再宏大的叙述，都没有一个具体而微的样本那么深刻而生动；再深刻的观察都不如聚焦到一个人，去写这个人的人生故事以及故事背后的意义那么发人深省。

幼读私塾，13岁上小学，20岁留校做教师，33岁跟随华罗庚先生在全国推广"双法"，49岁第一次走出国门，50岁开始创业，初衷是为贫困生创办一所大学，70岁他所创办的大学升格为本科院校，80岁还在工作第一线。他就是郑州科技学院的创始人——刘文魁。

同样是第一代民办大学创业者，同样是民办高等教育的拓荒者，但他与同处一城的胡大白"名人效应"不同，与已经故去的丁祖诒的激情高调不同，刘文魁始终远离媒体的视野。低调、专注、寡言、精进，富有远见和胆识，他将自己创办的大学作为生命的主场，心怀"一生只做一件事"的敬畏之心，在这个象牙塔里已经默默深耕了三个十年。

如今，这位80岁的老人向笔者道出了他的"教育雄心"——办一所值得学生信赖的大学。

刘文魁是中国民办教育第一代创业者的典型代表。他代表着一代人，代表着一个时代，代表着一个行业。改革开放40年来，中国大地上涌现出了一大批创业者、创新者。但是，中国民办大学的诞生是改革开放40年来绕不过去的一个关键事件。应该有人为这个行业中的群体和个体故事做个记录。于是，在2013年出版《中国民办教育观察》一书时，我就萌生过出第二本、第三本关于民办教育的书。

15年前，我写了第一篇关于民办教育的报道，报道了一位办学者所经历的"征地之坎"。那是一段办学者的辛酸史和血泪史。那一次的采访经历，让我深切了解到，在庞大的体制面前，办学者个人的挣扎和呼吁是多么无力，办学者个人支撑起的"家业"在一个个具体的政策面前是多么脆弱。

从那时起，我就打定主意要为民办教育鼓与呼——记录这个行业里有故事的人和有意义的事。

继出版《中国民办教育观察》《为民办教育立言》两本书后，我和我的同事又联合出版了《非常教师》一书。这本书记录了一个民办学校教师团队的成长故事。这让我的写作视角开始从记者拓展到记录者、写作者。这也是一次教育写作的转向：为民办教育立言从行业宏观描述走向个体的微观记录，从行业述评走向教育叙事。

如愿以偿从事了新闻工作后，我曾萌生过一个想法：有一天，要为母校写一本书。没想到这一天来得这么快。

2018年是母校建校30周年，也是学校创始人刘文魁先生走过的第80个春秋，这一年之于我则是进入人生的不惑之年。在这样一个关键年份，开启一场新的写作旅程——传记写作，于我是一件极具意义感的事情。

我试图通过这本书的写作来完成一次职业写作上的突破。于是，为了写好这本书，一段时间以来，我疯狂恶补传记写作方面的知识，给自己开出了一份长长的书单：《褚时健传》《奇迹的苹果》《苏东坡传》《宗庆后：万有引力原理》《激荡三十年》《中国在梁庄》《林语堂传》《激荡十年》……我需要从大量的阅读中找到适合自己的记录方式。其实，方式的选择是其次，更多是为了从中找到印证，确认自己的设想。我需要从企业史写作和民营企业家那里找到可参考的思考逻辑。

这本书的写作，既要走进去，以学生写自己师长的视角带着感情来写，又要跳出来，以一个局外人、观察者的视角来客观记录，有时候还要敢于带着批判的眼光来审视和判断。而站在外部与站在内部看到的风景是截然不同的，我努力让读者看到两种不同视角的切换。

20年前，我第一次来到省会郑州，来到郑州科技学院读书，毕业后，留校工作。在这里学习工作的日子里有太多值得回味的记忆。无论是编辑校报，还是为董事长撰写文书，这样的经历都为我后来从事教育媒体记者这一工作奠定了坚实的基础。

我到报社工作后，因为工作关系偶尔会回到母校，但常常是短暂停留。而今，要为老领导写一本书，我需要将镜头拉得近些，更近些。

刘文魁先生是一个有故事的人。这一次，就是要通过这本书将他的故事记录下来，让他的创业故事、教育故事流动起来。当然，对一位大学创始人的认识远不能只停留在这本书里。因为写作永远是一项充满遗憾的工作。更何况，作为倾听者和记录者，再努力都无法零距离走近一个人，我能读懂的只是他人生的片段。

聆听一位80岁老人的办学故事，这是我试图打开第一代创业者历史的最好方式。采访中，记者通常是做好一个倾听者，但有时还需要做一个追问者，不断追问一些关键事件的细节。刘文魁先生更乐于讲述他童年的求学经历，那段经历镌刻在他的记忆深处，很大程度上对他后来办学产生了巨大影响。

童年的经历让他学会了即便在最困难的时候也依然可以保持向上的姿态，让他一直怀着一颗感恩之心续写着"以爱育爱"的教育故事。

刘文魁先生是第一代民办教育创业者的典型代表，他所创办的郑州科技学院在民办高等教育版图中，是一种独特的存在，堪称中原民办高校的地标。我努力用文字还原他作为第一代创业者的经历。

中国的民办高等教育是一个不大不小的"江湖"。刘文魁和他的学校在"江湖"上似乎没有多少传说。他和他的学校始终远离媒体关注的中心。他并没有像处于同一城市的黄河科技学院创始人胡大白那么被媒体所关注。学校偶尔在媒体上有一篇报道也常常被淹没在快速更新的新闻中。显然，郑州科技学院被深深地打上了刘文魁个人的色彩。与他的执着精神和学习精神相比，工科出身的刘文魁并不善于表达。

但他所创办的郑州科技学院却是一个值得深度解读的样本。

刘文魁先生至今依然是一位信心满怀、热情依旧的老人。尽管已年届80，但他丝毫没有停下来休息的想法。在他的人生词典中，没有退休，守在学校工作便是最好的休息。

写一个人物的时候，往往要将他放置在一个背景里来写。如果不是改革开放40周年的背景，如果不是一位80岁老人的教育传奇，也许这本书不会如此恰时恰景。

所以，这本书也是以刘文魁个人的人生线索来透视民办高等教育的发展脉络。除了对刘文魁先生个人创业史的记录，在这本书里还要瞭望趋势，瞭望整个行业的方向、痛点。改革开放40年来，民办教育发展积淀下了什么样的共识？民办教育办学人需要守住什么样的初心？资本进入后，正在野蛮发展的民办高等教育需要回归什么样的办学原点？……这一切都需要更多有志之士用行动去求解、回答。

陶西平先生曾说,民办教育发展总体上有三个纬度:第一个是宽度,就是把服务规模、服务范围逐步做大;第二个是高度,就是把服务水平、服务质量做强;第三个是长度,就是把机构品牌、机构诚信做久。陶老的告诫应该引起每一位办学者的思考。

一直以来,我都有这样的疑问:当民办大学在整个高等教育领域依然被视为"下里巴人"的时候,她能真正成为中国高等教育发展的领跑者和创变者吗?

这一疑问已经有人给出了回应。如今,施一公先生领衔的西湖大学的创办,意味着研究型民办大学开始破冰,意味着民办大学领跑整个高等教育成为可能。

愿这样的创新案例、创新故事在中国教育大地上批量生长!

褚清源

2018年9月于北京

序二

感恩我的大学

（一）

尊敬的刘文魁董事长、可淑文老师，尊敬的各位领导、各位校友：

大家上午好！

首先，真诚感谢校友委员会给了我这次可以说出我的感激和感恩之情的机会。

18年前，我第一次来到省会郑州，来到郑州科技学院，第一次看见了大学的样子。那个时候，有同学说，这所大学还没有他高中的学校大。但是在我心中，这就是我心仪已久的大学，这就是我理想的栖息地。

16年前，我拥有了人生中的第一份工作，一毕业就留校做了校报编辑。当很多同学还要向家里伸手要钱的时候，我在母校可以靠工资生活了。我倍加珍惜这份工作，这份工作让我的母亲和弟弟妹妹看到了整个家庭的希望。

15年前，我在《大河报》上看到了一则招聘信息，于是，有了参加应聘《教育时报》记者的机会。那一次我从76名应聘者中脱颖而出，成为顺利通过笔试、面试和见习期的4名幸运者之一。也就是那一年，我正式成为一名记者。这是我梦寐以求的职业。我可以真正以文字为我的宗教。工作一年后我才知道，我是第一个以自考生身份并且是以笔试、面试第一名的成绩考进报社的。

9年前，《教育时报》所在的河南教育报刊社进行新一轮的领导干部聘任，报刊社下属广告中心领导邀请我做中心的副总经理。那个时候还是编辑记者的我，最终还是婉言谢绝了，因为我不想离开我钟爱的采编岗位。

7年前，《中国教师报》改版，要创办一个新的周刊，需要一位周刊的负责人。报社的领导因为在网络上看到过我写的报道，于是，向我伸出了橄榄枝。那一年，我正式进京成了一名"北漂"。从此，开启了我职业生涯的又一次转向。

最近几年，我利用工作之余，先后独立出版了三本著作，合作出版和主编了五本书。

回顾自己的成长经历，我觉得这其中有一个重要的起点也是拐点，那就是在郑州科技学院三年的学习工作生活。

在郑州科技学院，我人生中第一次主持了《世纪风》文学报的改版，第一次以学生身份参与了学校校报的编辑，第一次在校园最醒目的地方开辟了《每周评论》海报，第一次倡议发起了河南省大中专文学社团联谊会。

所有这些经历都使我积淀了可以从容面对职业生涯的信心和力量。十多年的职业生涯，无论面对怎样的诱惑，我最终守住了高中时种下的文字情结，守住了大学时完成的新闻启蒙。

今天想来，在学校的校园里我最难忘有两个地方：一个是图书馆，在那里我读到了很多点燃我新闻理想的书刊，当年摘抄的读书笔记至今还保存在我的书架上，尽管经历过无数次搬家，但从来舍不得丢弃那段日子积攒下的精神财富。一个是操场，那是我和最要好的同学指点江山、畅想诗和远方的地方。无数个晚上，当其他男生女生在操场上忙着恋爱的时候，两个另类男生却一起沿着操场散步，散出了两个农村娃的"雄心"。那样的经历，N年以后让我懂得了：大学不仅仅是从老师那里获得知识，同学可能会是更重要的学习资源。

大学是用来经历的，母校是用来感恩的！所以，感恩才是我今天发言的主题。

2013年我在出版《中国民办教育观察》这本书时，在后记中这样写道："感谢，是这个后记的主旨。我首先要感谢的是我的母校——郑州科技学院，一所滚动发展的民办大学，也是我工作的第一个单位。民办大学的学习生涯和职业经历丰富了我观察民办教育的视角，也让我在后来的新闻工作中掌握了更多可以用于分析民办教育发展的素材。"

今天，我还想借此机会做更具体的感谢。感谢在母校工作时刘文魁董事长、可淑文老师、秦小刚副董事长、程金城副院长、孙锦礼主任、宋志浩主任、宋国华老师等人在工作上对我的赏识和包容，还要感谢我的班主任朱娜老师，是她中途接班陪伴我们走完了大学的最后一程。

作为一名职业人，我很庆幸可以用自己所学的专业去做自己喜欢的工作。能把工作和兴趣联结起来，在今天的确是一件很奢侈的事情。但我时刻提醒自己不能因为自己的浅薄或无知伤害所挚爱的职业。我对自己作为教育媒体记者的定位是做好两个角色：一个是啄木鸟，一个是报喜鸟。所谓啄木鸟，就是发现教育当中的问题；所谓报喜鸟，就是传播教育的好声音。十多年的记者生涯告诉我，今天在教育领域，做好报喜鸟远比做好啄木鸟更重要。一个好记者的职责不是敢于揭开教育的伤疤，让社会更痛，而是能否以第三只眼发现敢于起而行之改变教育的"盗火者"。我坚信，每个时代、每个时期都有敢于擦亮教育星空的人。而记者就是发现他们，传播他们，让更多的人通过他们看到教育的希望和信心。

我很庆幸，离开大学十多年后依然还有理想。我的理想就是做读写说行"四位一体"的复合型媒体人，做为教育改革鼓与呼的媒体人。而郑科院则是我理想启航的地方。

各位领导，各位校友，无论走到哪里，我们都有一个共同的名字——郑科院人。

站在母校30年的节点上，畅想走向百年的母校，我想她遍布海内外的学子应该是这样的：有世界500强企业的掌门人，有德艺双馨的艺术家，有学贯中西的专家学者，有默默无闻的蓝领白领，但一定没有不懂得感恩的人，一定没有不思进取的人，一定没有不敢担当的人，一定没有不敢创业创新的人。

但是，未来不是猜想出来的，而是创造出来的。创造郑科院的未来，我们每一位郑科院人都责无旁贷。

中国科技大学原校长朱清时曾对学生说：要"有勇气去改变那些可以改变的事，有度量去容忍那些不能改变的事，有智慧区别以上两类事"。这一理性表达告诉我们，人生是一个"找一""守一"的过程。一个人的"一"就是回归初心，用心感受生活，为自己和周围的人带来美好。

一所学校也一样，学校的"一"就是，让生活在这里的人和曾经在这里生活过的人向善、向美、向好！

作为郑科院人，无论走到哪里，我都会随时关注母校的发展，传播母校探索的教育成果和发生的教育故事，传播郑科院的教育好声音。

最后我想深深地向母校鞠一躬！再次感谢母校，感谢各位领导和师长。祝刘文魁董事长、可淑文老师身体健康，祝母校的发展更上层楼，祝愿在座的校友不忘初心，砥砺前行，再创佳绩！

谢谢大家！

（本书作者在2017年郑州科技学院校友会成立仪式上的发言）

（二）

尊敬的刘文魁董事长，尊敬的各位来宾、各位校友、各位学弟学妹：

大家上午好！

我是1999级新闻班的毕业生褚清源，很荣幸作为校友代表发言。

此时此刻站在这里，我想重点表达的莫过于三点：一是感恩，二是致敬，三是祝贺与祝福。

首先是感恩。

19年前，命运在高考面前拐了个弯，那一年，我经历了人生的第二次高考失败。与在座的学弟学妹不同，我从南阳一个小山村来到郑州求学时，是以一个失败者走进郑科院的。但是，当我真正走进郑科院，成为郑科院人的时候，我想，包括我在内的每一位郑科院人都有责任成为捍卫学校荣誉和尊严的人。于我而言，是郑科院改变了我人生成长的轨迹，是郑科院的培养，让我这个落榜生找到了可以抵达职业理想的通道。我知道，在我们郑科院，有很多落榜者成功逆袭的励志故事。今天在场的孟洪斌学长、侯屈平学姐、朱树金学长等等，他们都在自己的领域做出了非凡的业绩，是我们学习的榜样。

有人说，一所大学里有三门课不可不教：一是独立的人格，二是创新的精神，三是自学的能力。我觉得，母校做到了。在这里，我不仅收获了自信，学会了学习，完成了新闻职业的启蒙，更重要的是我懂得了感恩。离开学校16年来，我感恩母校的培养，感恩刘文魁董事长的欣赏，感恩所有师长、同学的帮助。

其次是致敬。

在过去的10个月里，我做了一件自认为有意义的事情。我利用工作之余为董事长刘文魁先生写了一本书，叫《八十而述》。感谢董事长对我的信任，让我有机会以一本书的形式为母校的30年华诞献礼。

在这本书里，我写过这样一段文字：

这个世界上曾有三个苹果对人类历史产生了重大影响。

第一个苹果诱惑了夏娃，于是，这个世界上从此有了人类。

第二个苹果砸醒了牛顿，于是，这个世界上人们从此知道了"万有引力"。

第三个苹果被乔布斯咬了一口，于是，人们既有的世界被打开了智能生活的一扇窗。

好奇的人们都在追问第四个苹果在哪里？我把第四个苹果定义为日本果农木村坚持十多年试验种植不打农药、不施化肥的有机苹果。有人预判，"这个苹果，将对世界农业产生革命性影响"。木村的"人生哲学"是：人一旦为一件事疯狂，总有一天，可以从中找到答案。

我越来越觉得，木村先生和刘文魁董事长两个人有惊人的相似之处。与木村一生只做一件事一样，董事长刘文魁先生作为中国民办高等教育的拓荒者，他一生只为一件事而来，那就是创办一所值得大众信赖的大学。他幼读私塾，13岁上小学，20岁做教师，33岁跟随华罗庚在全国推广"优选法"，49岁第一次走出国门，50岁开始创业，66岁入党，70岁时他所创办的大学擢升本科，80岁时依然工作在第一线。

从他的人生过往经历看，董事长本人就是一部天然的教科书。在写作过程中，我愈加懂得一位80岁老人对教育的坚守，愈加懂得一位创业家的教育雄心和一位教育家的仁爱之心。

在此，我由衷地向刘文魁董事长致敬，向他的创业精神致敬，向他的大爱精神致敬，同时，也向母校30年来培养了10多万名有用人才的功德致敬，向每一位在平凡岗位上做出了不平凡业绩的校友致敬。

每一个人的人生行囊里都一定有一张名片，那就是母校；每一个毕业的学子都是母校的影子，无论影子有多长，都与母校的根部连在一起；每一个人的职业人生都不仅需要火把，更需要灯塔。火把照亮的是脚下的路，灯塔照亮的则是远方。我想，母校就是我们的灯塔，母校的四种精神就是我们的灯塔，母校"博学、笃行、明德、至善"的校训就是我们的灯塔。

最后，由衷地向母校30年华诞表示祝贺，祝愿母校的明天更美、更好、更强！祝福董事长刘文魁先生身体安康，祝愿在座的学弟学妹学业有成，祝愿每一位校友心想事成！

谢谢大家！

（本书作者在2018年郑州科技学院30年校庆典礼上的发言）

目　录

引　子·001

刘文魁是谁·006

第一章　成长年代

童年的精神回望·015

少年的觉悟·020

怀揣着梦想进城·024

那个年代的爱情·027

追随华罗庚先生·032

女儿们眼中的父亲·037

刘文魁自述·040

第二章　非常生存

新加坡之行·045

创大学·049

走进南阳路 38 号·053

移师马寨·057

与困难谈一场"恋爱"·061

067 · 刘文魁的管理经

071 · 刘文魁自述

第三章　向上的痛

077 · 河南民办高校变局

082 · 转折 2001

087 · 以爱育爱

091 · 有温度的党建

097 · 有一种教育叫"春雨计划"

102 · 大学生的荣辱观

107 · 警惕民办高校的"大规模病"

111 · 不忘"助考"那段历史

115 · 刘文魁自述

第四章　华丽转身

119 · 20 年,正青春

124 · 打通就业的最后一公里

129 · 图书馆里的风景

133 · 讲好毕业生的"最后一课"

139 · 升本之后的战略转型

144 · 一方文化的栖息地

149 · 与九三学社的渊源

154 · 刘文魁自述

第五章　借势转型

课程：逆向设计，正向施工·159

教师强则学校兴·165

牵手郑州大学·170

擦亮工科品牌·174

为大学生创新创业赋能·179

新工科机会·185

和世界站在一起·190

刘文魁自述·195

第六章　三十而励

郑科院的精神谱系·199

创始人精神·203

走向百年明校·208

第四个苹果在哪里·213

民办教育发展十问·217

并非结束语·225

刘文魁自述·229

附　录

刘文魁大事年表·233

刘文魁教育智慧22条·237

郑州科技学院个性名片·239

后　记·240

鸣　谢·243

引 子

"世纪老人"冰心说过，不要坐视堂堂一个中国，九百六十万平方公里的肥沃土地，在二十一世纪变成一片广阔无边的文化沙漠。这句话描述了二十世纪七八十年代的教育危机。

改革开放初期，万物复苏，百业待兴，整个民族最缺的不是理想，不是动力，不是热情，而是人才。于是，多出人才、快出人才、出好人才成为举国共识。

中国的民办大学正是在这一背景下应运而生、应时而生的。作为社会需求催生的产物，民办大学经历了"租船出海，借鸡下蛋"的草莽发展阶段，沿着"自学考试—学历文凭考试—高职高专—本科教育—研究生教育"的上升通道，一路攀登。并且，每一所学校都要在"做大—做强—做优—做特—做久"的发展轨迹中不断对标。

改革开放40年来，民办高等教育已经成为中国高等教育领域的强大生力军。教育部公布的《2017年全国教育事业发展统计公报》显示，全国民办高校747所，在校生628.46万人。即便在世界高等教育史上，也从没有哪个国家在短时间内创造出如此丰硕的成就。

中国民办教育协会名誉会长陶西平说："民办教育的发展归功于我国民

办教育的拓荒者和探索者——成千上万民办教育的投资者、办学者和管理者几十年呕心沥血、披荆斩棘与辛勤耕耘。他们饱经风雨和艰难曲折，在过去的很长时间里摸着石头过河，在公办教育的夹缝中成长，承载着压力办学，要面对资金的困境、世俗的眼光、舆论的不理解、公众的不信任等问题，还要随时面对政策变化的风险，其中的艰辛和困难难以想象。"

如今，走过40年历程的民办高等教育正在进入一个全新的发展阶段。与过去相比，政策从模糊变得明确，资本力量开始大举进入，新技术带来的教育变革也开始越来越深刻。这一切都使今天的民办教育发展形势变得更加复杂，面临的问题也更加多元。

让我们截取几个新闻切片。

切片一：

2018年8月26日，西湖大学2018级120名新生（博士研究生）开学典礼在杭州云栖小镇国际会展中心举行。这是今年4月1日教育部正式批复同意浙江省设立西湖大学后的首次招生。西湖大学的创办，在中国高等教育发展史上注定是一个具有里程碑意义的关键事件。中国科学院院士、结构生物学家施一公担任校长，他曾不止一次在公开场合表达西湖大学"剑指世界一流"的雄心。

西湖大学一出生就风华正茂，这所由社会力量举办、国家重点支持的非营利性民办大学，是中国诞生的第一所研究型民办大学，将以博士生培养为起点，适时开展本科生教育。从创办之初，西湖大学就绕开了一般大学发展的路径，不以规模取胜，而按照"高起点、小而精、研究型"的办学定位小步子发展。

西湖大学的创办承载了太多的期望，既要以世界一流大学为目标，又要蹚出一条基金会办学、国家支持、校董会领导下的校长负责制大学治理结构之路。她能否真正开启一种办学模式的新秩序，开启培养复合型拔尖创新人才的新探索，翻开建设国际化高水平研究型大学的新篇章？能否打破高等教育既有的发展格局，成为中国民办大学高位发展的一个范本？这一切不仅需要西湖大学用创新与实践来回答，还需要用更长的时间来回答。

切片二：

近两年来，民办高校"上市热"备受社会各界关注。2017年以来，在境外成功上市（包括美股和港股）的9家教育类企业中，有6家是以基础教育或高等教育为主营的学历教育企业。2017年是中国民办高等教育赴港上市的"爆发年"，全年上市或拟上市的民办大学，覆盖在校生人数超过29万人。所以，这一年被称为民办高等教育的"资本元年"。

有网友说，上市本无路，民办高校走得多了，也便有了路！截至目前，纯民办高等教育集团上市的有民生教育、新高教、中教控股、春来教育等。此外，正在排队的10家企业里，希望教育、科培教育也是纯民办高等教育集团。

民办高校经历了初创期、成长期和原始积累期，逐步走到了快速发展阶段，这个时候迫切需要更多资金来推动快速发展。有分析人士认为，民办教育机构加速上市的背后是行业资源整合加速。民办高校上市是喜是忧，这背后到底潜藏着什么样的危机？上市之后的民办高校最终要走向哪里？

切片三：

2018年6月21日，四川成都。

教育部组织的新时代全国高等学校本科教育工作会议在这里召开。教育部党组书记、部长陈宝生指出，高教大计，本科为本；本科不牢，地动山摇。

高等教育战线要树立"不抓本科教育的高校不是合格的高校""不重视本科教育的校长不是合格的校长""不参与本科教育的教授不是合格的教授"的理念，坚持"以本为本"，把本科教育放在人才培养的核心地位、教育教学的基础地位、新时代教育发展的前沿地位。高校要回归常识、回归本分、回归初心、回归梦想，全面梳理各门课程的教学内容，淘汰"水课"，打造"金课"，加快振兴本科教育，构建高水平人才培养体系。

当公办大学开始深刻变革本科教学时，民办大学应该有什么样的作为？

切片四：

防不胜防的"黑天鹅事件"正在改变着经济秩序。在网络上有一个段子，大致意思是：通讯不努力，成就了微信；商场不努力，成就了淘宝……这一现象早晚也要发生在教育领域。有时候，历史的进程可能正是一系列黑天鹅事件所推动的。的确，今天微信已经改变了人们的沟通方式，淘宝和京东已经改变了人们的购物方式，余额宝已经改变了人们的存钱方式，支付宝改变了人们的支付方式。那么，未来民办大学能否刷新学生的学习方式呢？在众多可选择的优质网络资源面前，大学的课堂真的不堪一击吗？有一天，大学会被颠覆吗？当无处不在的学习场、更多样的教学策略、知识学习分析技术、游戏化体验式学习、创客式自主新形态、人机相互学习迎面而来，民办大学何以突围，何以领跑？

……

一系列的问题摆在民办高校的办学者面前，他们需要作出理性判断。第一代民办大学办学者在百业待兴的背景下，心怀朴素的社会责任办学。在他们眼中，教育事业是"百年大计，根在树人"。如今，当越来越多的资本力量进入民办教育，这样的办学实践是否能经得起教育情怀的考量？民办教育既要有理想的部分，也要有现实的利益诉求，这在当下形成了一个巨大的矛盾体。

新时期的办学环境有多少机遇就会充满多少挑战。今天，过度相信经验的时代已经结束，新的变化总是让人猝不及防。这一切都让民办大学的办学者陷入了一种集体焦虑。对于创始人来说，最深刻的焦虑，莫过于来自对学校发展方向的担忧，因为稍有不慎，一步错就可能步步错。

面对如此多的问题和变局，民办高校如何建立科学规范的融资通道？如何才能做得更久，不被时代所淘汰？如何真正做到"四个回归"，写好民办高校的"奋进之笔"？带着这样的问题，让我们一起走进在改革开放40年背景里发展起来的一所民办大学，走近一位80岁高龄依然弄潮在民办高等教育领域的老人，了解他创办大学的故事，聆听他对民办教育的思考。

刘文魁是谁

"年少读书、年轻教书、天命办学，我一辈子就没离开过学校。"

——刘文魁

在美国，有一位传奇的创业者，14岁辍学，66岁时还拿着几百美元的社会福利金，开着一辆破汽车向餐厅出售自己研制的"炸鸡配方"，88岁时才创业成功，开创了"肯德基快餐连锁"业务，在世界各地拥有超过15000家餐厅——这个人是肯德基的创始人哈兰·山德士上校。

在中国，也有一位传奇的创业人物，74岁那年，与妻子开始包山种橙，十年后他种的橙子从云南走向全国，被称为"中国最励志的橙子"。从昔日的"烟王"到今天的"橙王"，他创造了新的传奇。他的创业故事激励了中国无数的创业者——这个人是已经90岁高龄的褚时健。

在中国教育界，同样有一位创业者，13岁上学，50岁开始创业，66岁入党，70岁时他所创办的大学升为本科院校，80岁依然激情不减，一心只为办一所值得学生信赖的大学，致力于做应用型本科大学的探路者——这个人是郑州科技学院创始人刘文魁。

改革开放40年来，在中国诞生了一大批财富榜样。刘文魁就是在中原大地成长起来的其中一位。但他贡献的财富并非物质的，而是很难用数字精确计算的精神财富。

一个人应该怎样活着，为什么活着，人生的意义到底如何阐释？这位80岁的老人，默默耕耘在中国民办高等教育的第一线，用他朴实的教育人生给出了一个完美的回答。从童年求学到毕业工作，从跟随华罗庚先生推广"双法"（统筹法和优选法）到加入九三学社，从第一次走出国门到归国后创办大学……刘文魁的每一个足迹都闪耀着不甘平庸的光芒。在他身上，人们深刻体会到了中国那一代知识分子的忧患意识和担当精神。

虽然现在刘文魁创办的郑州科技学院已经实施本科学历教育，他本人也是数控专家，曾跟随华罗庚先生七年，是全国九三学社十大楷模之一，可谓是名副其实的民办教育创业家，但很少有人知道，他小时候因为家穷读不起书，差点儿成了文盲。

刘文魁的人生攒满了回忆。

童年时期，他是在逆境中度过的，但他却能在逆境中找到向上的动力。读过不到一年的私塾，诵经典，习书法，这样的学习生涯给他积淀了什么样的国学功底？

少年时期，艰难求学，家庭贫困的他因为无钱读书常在学堂外旁听，幸运的是，他遇见了一位好心的校长，给了他免费上学的机会。这样的求学经历对他后来的办学之路产生了怎样的影响？

青年时期，凭借自己的努力，最终理想照进现实，成为一名工科教师；工作期间，曾跟随著名数学家华罗庚一起到全国各地推广"双法"。这样的经历又对他的治学态度打下了怎样的根基？

中年时期，以借来的10万元为启动资金创办大学；因为是租房办学，曾在三年内七易校址；因为没钱交房租，曾被房东锁在屋里不让出门；在征地建校过程中更是遭遇了难以想象的阻力……在内忧外困的情况下，他是如何与困难相处，最终"突出重围"的？

如今，已经年届80的他，依然工作在第一线。每天早出晚归，坐在那间如今看来还有点简陋的办公室里思考学校的未来，是他的必修课。毫无疑问，这所大学几乎是他生活的全部。这又是怎样的一种坚守？

……

刘文魁一生的故事主题，就是创办一所大学。他是河南民办高校的先行者，他以10万元为启动资金筹建的大学，如今已经发展成为资产近20亿，教职员工1200多人，在校生2.6万人，占地面积1500多亩的本科院校。

30年前，50岁的刘文魁开始创业。对很多"五十而知天命"的人来说，通常是守业的时候，很少有人愿意再去选择打拼。然而，刘文魁却心怀梦想，敢于挑战，毅然决然地走上了创业之路。"如果仅仅是心动，理想永远只是理想。"刘文魁说。

刘文魁出发的年份是1988年。这一年，改革开放刚刚走过10年。

当时，国家提出了"科教兴国、人才强国"战略，民办大学正是在这一波澜壮阔的背景下逐渐复兴的。如今，改革开放走过40年，40年来，中国的民办大学潮起潮落。而位于河南省会郑州的郑州科技学院却从无到有，从小到大，演绎了一部"从0到1，从1到N"的教育传奇。

尽管他所创办的这所民办大学已经走过30年，尽管这所民办本科大学受到过不少领导的肯定，也取得过不少荣誉——

办学30年来，郑州科技学院曾先后被授予"中国民办高校综合实力20强""全国学生就业示范民办高校""中国就业质量十强民办大学"等荣誉称号。

2008年，时任全国人大常委会副委员长韩启德再次莅临学校调研时说："刘文魁同志发扬的'四种精神'，不管哪种精神，都是难能可贵的，从校园的面貌上我已经看到了这种精神的存在。"

2008年，韩启德（右二）第二次来院视察

2014年，郑州科技学院党委作为全国民办高校唯一代表在第23次全国高等学校党建工作会议上作典型发言。

2016年11月，刘文魁被九三学社中央委员会授予"九三楷模"称号，成为全国十大楷模之一。

2017年和2018年，连续两年高校智库发布的全国百所民办大学排行榜，郑州科技学院跻身前三强。

……

但是，作为学校的创始人，刘文魁却很少走到聚光灯下，在业界知道他的人并不多。他始终默默地耕耘在民办教育一线，不张扬，不急躁，不浮夸，不功利。这一特质决定了他是值得挖掘的一位有故事的人。30年的办学经历足以沉淀出值得品读的故事和精神。

河南曾经是中国民办高等教育最活跃的地带。20世纪90年代是最繁荣的阶段，这里曾有过100多所民办高等教育机构。但经过大浪淘沙，河南第一代民办教育拓荒者创办的大学中，仅剩黄河科技学院和郑州科技学院等为数不多的民办大学。

许多人因为知道胡大白的名字而知道了她创办的黄河科技学院，但许多人知道郑州科技学院却不知道创办人刘文魁。刘文魁寡言而低调，很少面对媒体发声——

他是一位心怀"教育报国"之志的知识分子。

师法于私学鼻祖孔子的办学思想，秉承老子的处世哲学，以民国时期教育家陶行知、张伯苓为精神偶像，一生只为办一所值得学生信赖的大学。在他眼中，"值得信赖"的最大基础就是：真诚地为学生着想，为贫困家庭的孩子着想。30年来，他曾为九三学社社员子女和老少边穷地区学生减免学费几千万元。但他个人则崇尚简单自然，过一种知足常乐的生活。2015年，学校接受了教育部本科教学工作评估，专家组一致认为：刘文魁潜心办学，不求回报，所有办学经费都用于学校滚动发展，令人感动和敬佩。

他是一位"与困难为友"、迎难而上的创业者。

从一所场地靠租赁、教师靠聘请、资金靠借贷的"三无大学"起步，到今天累积资产近20亿元，为社会培养了10多万人才的本科院校，其间，刘文魁与他的学校经历的挑战与艰难不胜枚举。曾因自学考试专业设置问题引起的风波差点导致学校夭折，曾因支付不起房租被房东锁在教室里，也曾因基建产生纠纷被工人围堵……最终，刘文魁都凭借着不服输的精神闯过了一道道难关，将自己的大学不断带向了一个个新的高度。

他是一位不忘初心、守正出新的办学人。

"不等、不靠、不要、不拿"是刘文魁办学和做人的原则。实干与远见，在刘文魁的办学路上是两种极致的并存。刘文魁具有创始人身上应有的大局观、方向感、平衡感和意志力。他始终踏踏实实办学、勤勤恳恳育人，不盲从，不上市，不玩资本，不过度依赖政策。30年来，刘文魁始终初心不变，鼎力革新。如今，拥有机械天赋和工匠精神的他又锁定"新工科"，立志在"新工科"建设上做真正的领跑者。

他是一位心系社会、忠诚于教育的"建言者"。

1994年，刘文魁担任郑州市金水区政协副主席，后来又任九三学社河南省委教育委员会副主任、河南省民办教育协会副会长。任职期间，他广泛调研，收集基层声音，积极建言，先后向区（市）政协、九三学社省委、省教育厅、中国民办教育协会等递交调研报告、提案达30余篇（件）。递交的调研报告、提案，不仅涉及民办高等教育发展，还有不少是关系到国计民生的问题。

"守住寂寞，练好内功。"刘文魁说，"这一生除了教育，再无其他多余的追求，一心只为做最真诚的教育，做最值得学生信赖的教育。"

怀着一颗感恩之心，聆听一位80岁老人的讲述。80年的时代变迁就印刻在这位老人的记忆里，30年的民办高等教育发展进程就镌刻在这位老人的故事里。走近刘文魁，就是走进一段历史，走进一段民办高等教育的发展史。

毫无疑问，第一代办学人是一个独特的群体。他们是带着朴素的教育情结走上创业之路的，他们骨子里有一种"红色思想"，有"知识分子的使命感"，有教育人的最真挚的大爱之心。

这个群体需要被铭记，他们的教育春秋需要被记录。

第一章

成长年代

合抱之木，生于毫末；

九层之台，起于累土；

千里之行，始于足下。

——《道德经》第六十四章

童年的精神回望

每个人都出生在一个不同的背景里。

社会背景、地域背景、家庭背景都会给他的生命铺垫一种底色。刘文魁的生命底色里，有地域文化的滋养，有幼读私塾的经典接续，有战争和自然灾害带来的艰难和饥饿，以及童年的乐趣。

刘文魁出生于河南周口。这里是中华文明的重要发祥地之一，享有"华夏先驱，九州圣迹"之誉。人祖伏羲在此定都。《道德经》作者老子、《千字文》作者周兴嗣、东晋政治家谢安、中华民国第一任大总统袁世凯以及抗日民族英雄吉鸿昌等都出生在这里。

历史上，由于周口境内河道纵横，水上运输极为便利，于是，这里曾经商贾云集、行店林立、舟车辐辏、市场繁荣，周围数百里的农副产品多聚此销售或经水运转销各地，沙颍河航运可直达南京、上海。周口也以"河南四大名镇"之一而称誉中原，更有"小武汉"之称。

刘文魁出生于周口镇皮坊街一个贫苦家庭。皮坊街可谓历史长河中周口这一商业重镇的见证者。清代《皮坊街修路碑记》中记载了关于皮坊街的历史。碑文中所述"晋商道路之设，所以便往来、通车马、利行人也""周口为中州巨镇，水陆通衢，尤四方商贾所往来而不绝者也"，说明当时的周口属于商业重镇，可谓商贾云集。

刘文魁出生于1938年5月16日。这一天并没有特别之处，但生活就是如此巧合，50年后他创办大学时，正式拿到《办学许可证》的日子，恰恰也是在5月16日这一天。

刘文魁出生半个月后的6月1日，日军侵占距离周口不远的鹿邑县城，此后，太康、淮阳、扶沟等县的部分地区先后沦陷，成为日伪占领区。随后，侵华日军进犯周口，日军的飞机对周口轮番轰炸，周口大地满目疮痍，民不聊生。

当时，为阻止日军西进，蒋介石下令掘开花园口黄河大堤，这就是震惊中外的"黄河花园口决堤事件"。正值汛期，滚滚黄河水裹挟着泥沙改道顺贾鲁河、颍河河道汹涌而下，将所经过的地方都淤为平地，一夜之间，周口一带成为"黄泛"重灾区，受灾长达九年之久。从此，地理书上多了一个象征苦难的地理名词——"黄泛区"。

据史料记载，滔滔黄河水向东南倾泻，一股沿贾鲁河，经中牟、尉氏、开封、扶沟、西华、淮阳、周口入颍河至安徽阜阳，由正阳关入淮河；一股自中牟顺涡河过通许、太康至安徽亳州，由怀远入淮河。河南、安徽、江苏三省44个县市遍地洪水，1250万人受灾，89万人死于非命。其中河南受害最为严重，21个县市、900多万亩耕地被淹，47万人死亡。1947年黄河回归故道时，中牟、尉氏、通许、扶沟、西华、商水6县的人口总数只有受灾前的38%。

1938年，这一年在中国发生的还有很多大事件。比如，西南联大在昆明正式组建；比如，抗日战争进入战略相持阶段。

这些大事件似乎与一个普通家庭并没有多少关联，这只是他们生存的背景，但正是这样的社会背景加剧了他们日常生活的艰难。

周口地处豫东平原，20世纪三四十年代，这里水、旱、蝗三大自然灾害频发。那个年代，饥饿不是某个人的感受，而是一个时代的集体感受。不难想象，刘文魁的童年不是"苦难"二字所能概括的。

刘文魁是家中的第二个儿子，所以，他的出生并没有给家庭带来多少惊喜，相反更意味着生活负担的加重，毕竟生活原本不易的家庭又多了一张嘴吃饭。

刘文魁的爷爷去世较早，父亲是做皮革制品的，并没有多少收入，一个人靠着微薄的收入养育着四个儿女。在刘文魁的记忆里，最艰难的时候，家里一天连一顿饭都吃不上。

一个人出生以后，他所处的环境就是他的第一张温床。显然，刘文魁的温床缺少应有的温度。

尽管家庭经济拮据，但与所有的父母"望子成龙"的心情一样，刘文魁的父亲也期待这个孩子有一天能给这个家庭带来改变的希望。因此，父亲请教了很多先生，给他起名叫"文魁"。文魁有三重解释：一是文星和魁星，俗谓主文之星；二是文章魁首；三是清代乡试于八月举行，九月放榜，新科举人第一名称解元，第二名称亚元，第三、四、五名称经魁，第六名称亚魁，其余称文魁，均由国家颁给20两牌坊银和顶戴花翎及匾额。匾额悬挂于住宅大门之上，门前可以树立牌坊。显然，"文魁"这个名字寄托了父母对孩子的期望，希望他日后能成为整个家族的荣耀。

期望很丰满，但现实太过骨感。

因为家庭经济困难，早已到了上学年龄的刘文魁却迟迟没有能够上学。后来，有邻居在附近办了一个私塾，给刘文魁的母亲说："让孩子来我这里读书吧，不用交学费，随便送一些油或米面即可。"就这样，刘文魁才有了在私塾读书的机会。

如今想来，对于刘文魁来说，童年给他最大的馈赠就是这段读私塾的经历。这是一段难忘的童年记忆。

私塾里不同年龄段的同学都有，这让他们有了更多相互学习的机会。旧时村塾蒙学的内容最普遍的是"三百千千"，即《三字经》《百家姓》《千字文》《千家诗》，这类书多为白话，词句也很押韵，读起来朗朗上口，便于记忆。读完这些内容，再进入四书五经的学习。

对经典的学习方法主要是背诵。那时的书没有标点，私塾先生要带领学生先给各人的书上标上标点，叫句读。在这里，刘文魁读了不少经典，尤其是《道德经》的背诵，对他影响很大。刘文魁很珍惜这样的读书机会，在这里他如饥似渴地学习。"别人一天背诵一页，我能背七八页。"刘文魁说。

尽管那个时候自己对背诵的内容并不理解，但是随着年龄的增长，这些在童年时期播下的种子，都会在后来的生活中不经意间显现。比如《道德经》中"天下难事必作于易，天下大事必作于细"，比如《中庸》里的"博学之，审问之，慎思之，明辨之，笃行之"等，都在后来的工作中成为支持刘文魁事业发展的重要"思想营养"。对于一个家庭贫困的孩子而言，能在开蒙之初便将根深扎在五千年传统文化的土壤里，是一件非常幸运的事情。

私塾课程中还有一门功课——习字。"私塾先生每天教我们写毛笔字，习字课是从写楷书入手的。"因为没钱买纸，刘文魁通常是在地上用树枝练习写字。那半年多的私塾学习奠定了他写字的基础。

后来，街上有一位国民党军官逃亡台湾，很多人都到他家里去拿那些他带不走的东西。刘文魁也跟着去了，他则捡了一些别人扔在地上的黄纸和墨盒，这些都是他梦寐以求的东西。于是，刘文魁才有了在纸上写字的尝试，有了在纸上练字的机缘。刘文魁格外珍惜这些纸张，每一张纸他都要至少利用三次以上：先是用笔蘸着浅色的墨水来写；等纸晾干后，再蘸墨水写第二遍；正面写完后，再在反面写第三遍。

"私塾先生对我们要求很严，批改我们的写字很细心。"刘文魁说，"这一年的毛笔字学习，为我打下了写字的基础。"一直到今天，空余时间，刘文魁都会写写毛笔字。

在私塾学习统共不到一年时间，但这里有令他终生难忘的学习体验。

后来私学一律被取缔，刘文魁辍学在家。回到家里，刘文魁做得最多的事情就是割草，偶尔也会与哥哥一起煮些茶鸡蛋，到集市卖掉补贴家用。这样的日子一直持续到他13岁。

对于刘文魁来说，除了读私塾那段日子，童年还有一件最惬意的事，就是自己动手做过不少好玩的玩具。他后来动手能力之强也许就是在自己制作玩具中培养出来的。

周口皮坊街，这个刘文魁生命开始的地方，给他的思想里注入了一份"向上之心"和对抗困难的韧性。

少年的觉悟

一个有着丰富经历的老人，从不需要对过往的生活进行诗意化的描述。但刘文魁少年时期的求学经历的确充满了诗意和故事感。

刘文魁的童年和少年时期就像一场绚丽的突围，每一步都那么艰难，但每一步的艰难又都是在预约下一次的绚丽。

私塾停办后，刘文魁辍学在家。每天割草，是他格式化生活的重要部分。这样的日子日复一日、月复一月、年复一年，时间一直推移到了刘文魁13岁那年。

那是20世纪50年代初的一个春天，在距离刘文魁家不到30米远的地方有了一所小学，这是新中国成立后本地开办的一所公办小学。每天，教室里孩子们琅琅的书声不断传来，但那读书声却不属于教室外一个13岁的孩子。这个孩子就是刘文魁，因为家里一贫如洗，无法支付原本已经很低廉的学费。

在那个吃饭都很困难的年代，穷人家的孩子读书更是一种奢望。"我们那一代人活下来就是一种幸运。"刘文魁说。

眼看着同龄的孩子都快小学毕业了，刘文魁却只能眼巴巴地看着自己的玩伴每天上学放学。时常在校门外徘徊的刘文魁憧憬着校园里每天发生的一切。

上学似乎成了少年刘文魁一个无法企及的梦想。每天走到学校门口的时候，刘文魁时常会在那里驻足停留，瞅一眼学校里的样子。每当看到同龄的小伙伴们走进学校，刘文魁的心里总是感到空落落的。

对读书一直心向往之的刘文魁，经常偷偷溜进学校站在教室外静静地聆听老师讲课。因为不是学校的学生，有时候刘文魁会被老师赶走，但一有机会他又会再溜进去旁听。"小时候，因为家里贫穷，无法走进学校，那时最大的愿望就是能够坐在教室里读书。"刘文魁说，"现在的年轻人很难理解想读书却不能读书的苦恼。"

每个人的生命中都会珍藏着几个故事和关键人物。人生就是这样，在关键时候总会有关键人物出现。经常在教室外偷听上课的刘文魁，遇见了他生命中的第一个"贵人"。

有一天，刘文魁在窗外正沉浸在教室内老师娓娓道来的讲课中，突然被巡视的校长发现了。刘文魁心想：这次完了，一定会受到严厉的批评。没想到走到他面前的校长并没有批评他，而是关切地询问了他的情况。然后，校长说："我已经关注你好多天了，你带我到你家里去看看吧。"这个细节刘文魁至今记忆犹新。

在刘文魁的家里，校长看到了家庭的真实状况，很是感动，当即决定破例免费收他入学。就这样，刘文魁的命运因为校长的一个决定发生了转变。从那时起，刘文魁便暗下决心，一定要努力学习，拼命读书，将来做一个像校长那样有知识、有文化、对社会有用的人。

第二天，刘文魁就入学了，成了一名正式的小学生。因为在私塾里积累的基础，刘文魁连跳两级很快被安排在四年级学习。进入四年级学习，刘文魁一开始很是吃力，毕竟没有接受过系统的教育。所以，刘文魁格外努力。

在教室里，每天总有一个身影是最后离开的。学校里的各项活动，只要有机会他都主动参加。

刘文魁至今记得，大概到了第二学期，他的学习才跟上了进度，并成为班里的佼佼者。"那个时候，老师们对我都很好，校长、老师还经常叫我到他们家里吃饭，冬天看我穿的衣服太单薄，还给过我衣服。"

谁也无法预测，就是这样一个没书读的孩子，日后通过读书改变了自己的命运。后来在办学中，他始终心怀感恩，特别关注贫困生，也与这段经历有关。他深深懂得贫困家庭孩子的艰难。求学的不易，让他对想读书而不能读书的心情刻骨铭心。

学校里有一个篮球队，篮球在当年可谓是一种时尚项目了。刘文魁的个头在班里是最高的，高大强壮的身材天然适合打篮球。于是，凭借个头优势，刘文魁顺利地成为校篮球队的一员，一有机会他就和伙伴们打篮球。

打篮球是他少年时期光芒闪亮的一页。在后来的生活和成长过程中，篮球又给他带来了太多的机会。篮球既是他相识河南省技工学校教师的媒介，也是后来他与爱人可淑文产生恋情的"媒人"。

因为成绩优异，刘文魁顺利考入了周口一中。因为当地的中学只有这一所，所以考中学竞争压力相当大。正当他的求学生涯顺风顺水的时候，一个小插曲出现了。

因为哥哥参军，家里没人干活，又实在供不起他继续上学的费用，初中只上了两年的刘文魁又一次辍学了。

"当年，我和哥哥一起参加了征兵考核，都通过了，我还记得当时我是空军，哥哥是陆军，但是哥哥没有上过一天学，家人为了给哥哥更多的机会，便送哥哥参军了，我则主动放弃了这次机会。"刘文魁说。

再次辍学后，已经成了家中主要劳力的他，经邻居介绍，到甘肃天水跟邻居家的儿子学开车。可到了甘肃天水后，邻居家的儿子出差在外，刘文魁只能在那里等。大约待了一个多月，传来的却是不幸的消息——邻居家的儿子在返回途中，因为躲避路上的一个小女孩儿，车翻到了山下不幸身亡。无奈之下，刘文魁只能回到了家乡。

1956年，河南省技工学校（今河南职业技术学院）来周口招生。据说要招收两个班，共计100人。刘文魁参加了考试，与刘文魁一同参加考试的还有一起长大的发小程金城。

河南省技工学校创建于1954年，隶属于河南省人力资源和社会保障厅。刘文魁至今记得，来招考学生的人员中有一位老师叫吕守信，后来在他办学过程中，吕守信也给了他很大的支持。

刘文魁回忆说："考试完在等成绩的过程中，我和参加考试的同学们在操场上打了一场篮球，招生人员中有一位老师看我篮球打得不错，对我印象很好。"

命运总会垂青于那些有上进心的人。考试成绩揭晓，刘文魁和程金城都被录取了。那一年，他走进了位于省会郑州的河南省技工学校。他的人生轨迹从豫东平原转向了郑州。

生于斯，长于斯，但他不想老于斯。刘文魁终于可以走出自己的家乡，到更大的天地去探访外面的世界。

怀揣着梦想进城

生于民国，成长于"文革"，创业于改革开放年代，刘文魁是穷苦人家孩子逆袭的典型。但不是每一个穷苦人家的孩子都有这样的机会。这一切都与他有一颗上进的心有关。

1956年，刘文魁与程金城一起来到省会郑州读书。两个人是同乡，从小一起长大，毕业后又一同留校工作，后来程金城也是刘文魁事业发展中的重要伙伴。

新中国成立之初，河南省的省会还在开封，到了1954年10月，省会才从开封西迁至郑州。20世纪50年代的郑州，远没有今天这么繁华，没有那么多高楼，没有那么多汽车，也没有今天这么多人流，但这里是刘文魁心向往之的大城市。在这里，他第一次看见了大学，第一次走进了实习车间，第一次看见了道路两旁的法国梧桐。在刘文魁的记忆里，具有"浪漫"色彩的法桐是一道迷人的风景。

刘文魁和程金城就读的学校是河南省技工学校。这是一所专门为全省各地技工学校培养师资的学校。这所学校的前身为河南省机器制造技工学校，后数易校名，1956年更名为河南省工人技术学校，1960年更名为河南省工业技术师范学校，1961年更名为河南省技工教育师范学校，1992年更名为河南省职业技术教育学院，1999年经教育部批准更名为河南省职业技术学院。

命运的陀螺就这样转到了郑州。从此，在漯河到周口的公路上多了两个并肩求学的身影。那个年代，交通不便，家庭贫困，两个人一放假先乘火车到漯河，漯河到周口不通火车，有70多公里的路程，两个人都是步行回家。"放寒假回家是最痛苦的时候，每次都是从天黑走到天黑。"程金城说。

在学校里，一切都是一种全新的秩序。学校管吃管住，还补助零花钱，刘文魁可以将节省下的钱用来买书。那个时候，一星期上理论课，一星期上实践课。刘文魁的实践课成绩比较突出，在班级里一直名列前茅。程金城说，当时刘文魁的成绩是最好的，尤其是他的动手能力很强，当年他能跟随华罗庚一起推广"双法"，也是得益于他技术操作的优势。

在这所学校，刘文魁开始有了自己清晰的理想。在那个年代，父母不会给自己的孩子设计什么，一切都是由孩子自己编制。在河南省技工学校，刘文魁开始编制自己梦想的七色花。那时，他最高的理想是将来做一名工程师。他曾在自己的胳膊上文了一个"工"字，以时刻提醒自己要努力学习。

1958年，刘文魁和程金城都以优异的成绩从河南省技工学校毕业，并留校任教。接到留校任教的通知时，刘文魁内心有掩饰不住的激动。对于一个贫困家庭的孩子来说，这个消息不仅意味着他从此有了一份可以谋生的工作，更重要的是，也使他想把整个家庭从贫困的泥潭里拉出来成为可能。

从这一年开始，刘文魁便和教育事业结下了不解之缘。

做教师后，刘文魁一心扑在了教学上。学校每年评比时，他的班级总是被评为优秀班级。今天很多人都知道刘文魁创办了一所大学，更多熟悉他作为创业者的一面，实际上，当年他在管理班级方面，也是一位富有领导力和创新精神的班主任。程金城说："刘文魁带班有一套自己的办法，平时也不怎么在班级里待，但是班风很正，成绩也很好。这一点让同事很是佩服。在教学生涯中，他的工作表现一直非常出色。"

谈到带班经验，他曾专门梳理过自己的班主任心得：一是充分相信自己的学生，相信他们有向上向好之心，相信他们能处理好自己的学习和遇到的问题。这是带好班级的重要前提。二是放手利用学生来管理学生，用今天的话说，叫学生自治管理。三是定期召开班会，让班级里产生的正能量及时传递出去，让相关问题带来的负面情绪在班会中得以消解。这些经验也成了他办学过程中广泛使用的方法。

后来"文革"爆发，持续了十年的"文革"，使中国的教育遭受到了重创。刘文魁所在的学校也不例外。1978年，"文革"结束，学校开始复课，教育秩序也迫切需要恢复和重建。刘文魁回到学校负责专业课教学，并担任班主任。因为他在市科委还承担着相关工作，于是便利用学生来管理班级，且屡试不爽。刘文魁说，带班的关键是选好班干部，人找对了，就可以大胆放手。就这样，一位从贫困家庭里走出来的有为青年从此被打上了"好老师"的符号。

那个年代的爱情

1958年，对于中国教育界可谓是一个关键年份。这一年，中国科技大学正式创办，郭沫若担任首任校长。

而在刘文魁的人生过往中，这一年同样是一个关键年份。因为学业成绩优秀，他在毕业前夕提前留校任教——开始从一名学生迅速成为一名人民教师。

能够顺利留校并非偶然。

童年的苦难让他倍加珍惜这来之不易的学习机会，学习期间，刘文魁将平日里剩下的生活费都用来买书了，所以，他的理论课成绩一直很好。对大多数同学来说，最大的挑战来自实践课。但在刘文魁这里，这就显得举重若轻了。从小就爱动手操作的他痴迷于实践课，一有时间就到车间实习。那个时候，他的志向是有一天能成为一名工程师，这是藏在他内心深处的一个梦想。在自己的手腕上，他曾用针刺了一个"工"字，那是一代人表达自己梦想的方式。在别人偷懒的时候，他则全身心地投入技术学习。因此，在班上，理论课成绩与实习成绩都好的，刘文魁算是为数不多的同学之一。

顺利留校任教让他的日常生活更加从容。但他并不知道这里不仅是他可以挣得一份工资的地方，还是他发现爱情的地方，更是他后来萌生信念创办一所大学的地方。在这里，他开始迎接崭新的生活。

工作中，刘文魁遇到了自己未来的妻子可淑文。两人同为留校生，可淑文1960年留校，晚刘文魁两年。可淑文教授工艺学，刘文魁教授机械基础。

那时，作为同事虽然彼此认识，但很少有交流。唯一加深他们印象的是，他们彼此有着共同的爱好——体育，特别是对篮球、乒乓球项目的喜爱，让他们有了更多的接触机会，并逐步相互了解，发展成了恋人。

可淑文是蒙古族，出身书香门第。据说，可氏在全国主要分布在河南滑县、获嘉县，河北安平县，湖北浠水县，云南玉溪市、通海县，四川，上海，重庆等地，都是小聚居，大约有10多万人。河南可氏系出名门，地位显赫，是成吉思汗的后裔。元朝末年，可氏祖上率领军队到南方镇压叛乱，走到河南时，元朝灭亡，自此，这一支后裔就地隐名改姓分散生活。

可淑文的爷爷民国时期做过县长，新中国成立后在省文史馆工作。"小时候在家里看见过清朝时期的官帽。"可淑文说。父亲是独生子，民国时期曾任滑县教育科长，新中国成立后做过教师。父亲是早期河南大学留美预备生。河南大学创建于1912年，始称"河南留学欧美预备学校"，与上海的南洋大学堂（现上海交通大学）和北京的清华留美预备学校（现清华大学），是中国历史上最早的也是当时仅有的三所专派出国留学生的学校。"所以，父亲的法语和英语都很好。"可淑文说，"还记得我们的小女儿刘欣小时候请教过我父亲英语。他也经常会给孩子们讲讲历史人物的故事。"

但在那个年代，像可淑文这样的家族属于被"打倒"的阶级。尤其是在"文革"期间，一不小心就可能挨批斗。"不过还好，'文革'期间我们家人并没有受到冲击。"可淑文补充说。

一直以来，可淑文都很低调，从来不抢风头，与世无争。因为出身问题，那个时候可淑文最怕的就是填表，因为填履历表时，"出身"一栏总会让她

刘文魁、可淑文夫妇年轻时合影

有低人一等的感觉。因此，可淑文总是躲在自己的世界里，默默无闻，她心中的那个世界就是舞蹈。

可淑文擅长舞蹈，在学校的文体活动中可谓一枝独秀。学校组织了文艺宣传队，可淑文是成员之一。每年学校的晚会，她的舞蹈都是必选节目。尽管可淑文很优秀，但在学校里，她从来不主动抛头露面。只有学校安排她演出的时候，她才会走到舞台的中央，这可能是她在学校里唯一的"张扬"。当年她应邀外出表演《剑舞》的剧照曾在河南省工业展览馆的大厅悬挂展出。

可淑文这种低到尘埃里的生活姿态，让刘文魁感佩不已。所以，在平时的接触中，刘文魁对这位女同事格外照顾。工作之余，刘文魁与可淑文经常在一起打乒乓球。可淑文回忆说："他对我很关心，有一次打乒乓球时，我不小心弄伤了手，刘文魁跑前跑后帮我处理。"

时间长了，两个人便萌生了感情。就像对办学事业的执着一样，刘文魁对自己的爱情同样执着，他认定了这位温柔多才的女同事就是自己的终身伴侣。事实证明，这是一桩充满幸福感和奋斗感的婚姻。

刘文魁与可淑文的恋情当时可谓轰动全校，一个郎才，一个女貌。可淑文说："结婚的时候，老家也没有来人，双方家里为我们置办了几个箱子和几床被子。学校食堂为我们提供了一桌简单的饭菜，几位学校领导和要好的同事一起吃了个饭，然后，给同事们散发一些糖果就算结婚了。"那个年代没有结婚仪式，但那一天可淑文清楚记得是1961年12月28日。

尽管婚礼很简单，但两个对新事物有着强烈兴趣的新人，还是赶时髦拍了一张婚纱照。可淑文至今谈起来还是一脸的幸福。

可淑文属于贤妻良母型，家里的琐碎事情都由可淑文包揽。平日里，亲戚朋友们来了，她能张罗出一桌可口的饭菜。两个人一个主内，一个主外。刘文魁可以有更多的精力扑在工作上，扑在自己的技术研究上。

1962年，是最困难的时期，生活很艰难。那个时候，学校的不少同事都去了农场工作，而刘文魁则在车间用机床加工军工产品。那段时间，他的专业技术提高很快，他会把一些自己学习到的以及感悟到的新知识、新技术、新工艺、新成果及时补充到教学内容当中，教学效果非常显著。

这一年12月，大女儿刘晓乐出生，给这段艰难的生活平添了无限乐趣。

每一个年代的爱情，都有各自的历史痕迹。1960年代的爱情，在今天看来，更像是一种传说，一种相濡以沫的美好存在。爱了一辈子，却从来不去主动用言语表达。

他们经历过20世纪50年代末的饥荒，60年代的动荡，见证了70年代末开始的改革开放，享受到了国家经济腾飞的成果。在艰苦的岁月中，两个人相守至头发变白，皱纹爬满额头，但那些白发和皱纹，正是他们爱情最好的见证。

那个年代的爱情，没有浪漫，没有甜言蜜语，没有物质，没有所谓的山盟海誓，更没有钻石、鲜花、巧克力，有的只是相濡以沫、相互扶持、携手共老、一起面对、波澜不惊的生活，更是柴米油盐、锅碗瓢盆奏起的爱情交响曲。

生活平淡无华，却相濡以沫，无疑是安静岁月里最美的模样。

追随华罗庚先生

时间切换到20世纪70年代，刘文魁出版了他人生中的第一本书《优选法在机械加工中的应用》，著名数学家华罗庚先生为他的新书作序。这是他跟随华老七年在全国各地推广优选法的成果。

"文革"期间，经学校推荐，刘文魁被借调到郑州市科委工作。在此期间，他有机会加入华罗庚先生组织的优选法和统筹法推广小分队。

华罗庚是我国最早把数学理论研究和生产实践紧密结合并做出巨大贡献的数学家。在从事数学理论研究的同时，华罗庚努力尝试寻找一条数学和工农业实践相结合的道路。经过实践，他发现数学中的统筹法和优选法是在工农业生产中能够普遍应用的方法，可以提高工作效率，改变工作管理面貌。于是，他一面在科技大学讲课，一面带领学生到工农业实践中去推广优选法、统筹法，为工农业生产服务。

华罗庚探索数学为国民经济服务可追溯到1958年，并且当时在数学界掀起了"理论联系实际"和"数学直接为国民经济服务"之风。他率领一大批来自数学研究所等单位的数学家，走出校门到工农业生产单位去寻求线性规划的实际应用案例，取得了丰富的应用与理论成果。

在华罗庚生命最后的20年里，他几乎把全部精力投身于推广应用数学方法工作，优选法、统筹法便是其中的核心内容。他把数学方法创造性地应用于国民经济领域，筛选出以改进生产工艺和提高质量为内容的"优选法"和以处理生产组织与管理问题为内容的"统筹法"。刘文魁说，这些思想方法，为人们节约资源、提高效率做出了巨大贡献。现在这些思想已经形成了数学中一门应用性很强的分支——运筹学。华老在推广"双法"的时候，他总能把理论概念转化成普通百姓听得懂的语言。

华罗庚和他的助手们透彻地分析并简化了这些方法，结合毛主席"统筹兼顾"和"抓主要矛盾"的思想，起名叫"统筹方法"。1965年6月6日，华罗庚在《人民日报》上以整版篇幅发表了《统筹方法评话》，用老百姓都知道的"泡茶喝"作为引子，通俗易懂地介绍了统筹法。同时还在北京、南京等地组织了统筹方法学习班，做了许多试点推广工作。

1972年，华罗庚成立了"普及双法小分队"，人员不固定。小分队每到一个省，会立即到一些厂矿或企业去，召集一批有基础的学员，举办一周左右的学习班。"这个学习班的学习方式很特别，除三四次报告外，其余都是小组讨论，讨论的内容为如何将'双法'应用于自己的工作或部门生产实践中。"刘文魁说，"培训结束后，学员们即分别奔赴各重要工业企业与部门，与各单位的领导、技术人员、工人一起工作，解决难题。"

一时间，华罗庚的统筹法和优选法在全国各地开花结果。刘文魁跟随小分队先后到过沈阳、天津、重庆等地。

华罗庚来河南讲学就住在中州宾馆。据资料记载，始建于1959年的中州宾馆被誉为河南的"国宾馆"。建成后接待的第一位尊贵客人是英国陆军元帅蒙哥马利。后来又有越南前领导人胡志明、加拿大前总理特鲁多等政要在中州宾馆下榻。除了外国政要，邓小平、李先念等党和国家领导人也在中州宾馆下榻过。在30多年时间里，中州宾馆雄踞河南宾馆之"巅"。

1970年，华罗庚来到郑州，曾专门来到刘文魁所在的学校考察。考察期间，正遇到刘文魁在机床上加工军工产品，华罗庚专门询问了相关情况。

华罗庚问："你是什么身份？"

"我是教师。"刘文魁回答。

"邀请你加入我们的小分队，愿意吗？"

"感谢华老的信任，一切听从组织的安排。"

第二天，华罗庚在中州宾馆举行报告会，学校安排刘文魁参加。这一次，华罗庚要在河南选出10名"双法"推广小分队的成员。在自由发言环节，刘文魁作了5分钟的发言。这次报告会后，河南由10人组成的一支"双法"推广小分队正式成立，刘文魁是其中的成员之一。

从1972年到1985年，华罗庚带着小分队到过26个（现在算是28个）省市自治区。各地的工矿企业从推广优选法和统筹法入手，掀起了群众性的科学实验活动，取得了丰硕的成果。

刘文魁记得，他曾在天津帮助一家工厂解决过一个难题。人们常说，车工怕车杆，钳工怕钻孔，刨工怕刨板。其实意在强调这些工作是有难度的。当时，车间的工人都是师徒制，要车一根两头细中间粗的零件，对于经验丰富的师父来说很简单，但是对徒弟来说却很困难。因为师父很难说清楚其中的技术细节。但是，采用优选法来指导之后，徒弟一个小时就学会了这一技术。

还有一次，由机械工业部和冶金部联合举办全国刀具应用技术比赛，河南从来没有派代表队参加过。接到通知后，学校安排刘文魁牵头组织了金属切削代表队准备参赛。当时，比赛地点在广西柳州，刘文魁带了6个人参会，竞争对手是上海的两个刀具大王，那阵势的确让人有点紧张。但是，他们最终大获全胜，受到了与会专家的高度肯定。

"在生产管理实际中寻找理论研究的问题"是小分队研究工作的特点之一。跟随华老的七年中，刘文魁走遍了祖国的大江南北，也目睹了教育的落后，所见所闻给了他心灵强烈的震撼。言传身教中，先生严谨的治学态度、执着的精神追求、高尚的人格魅力，深深影响了刘文魁。

在华罗庚先生的指导下，刘文魁潜心研究数学，主编出版了《优选法成果在机械加工中的应用》等著作。

在刘文魁眼中，华罗庚对于人才的培养格外重视，他发现和培养陈景润的故事在数学界被传为一段佳话。

华罗庚不仅治学严谨，还很有文采，经常作诗。1973年8月15日，华罗庚又一次来河南作优选法推广报告。"那一天，郑州天气格外热，热得像一个火炉。"刘文魁说，"我们都称他为华老。当时，62岁的华老为我们作报告，开场还给我们朗诵了他最近写的诗。

从实从严，不骄不躁；

大处着眼，小处着手；

锲而不舍，蹊径自辟；

独立思考，穷理寻真。

"华老的这首《自勉》，我至今仍记忆犹新。这首诗也是他在勉励我们。"刘文魁说。

研究数学的华老，作诗自然离不开数字，所以常常以数字入诗。1984年8月25日，已74岁高龄的华罗庚在病榻上写了一首以数字入诗的《述怀》，别有情趣：

即使能活100年，36524日而已。

而今已过四分之三，怎能胡乱轻抛？

何况还有，老病无能为计。

若细算，有效工作日，在2000天以内矣！

搬弄是非者是催命鬼，谈空话者非真知己。

少说闲话，休生闲气。

争地位，患得失，更无道理。

学术权威似浮云，百万富翁若敝屣。

为人民服务，鞠躬尽瘁而已。

"记得华老在去日本之前，还曾来河南作过一次报告。那一次，华老与我们河南小分队的部分成员合影留念。"刘文魁说。他至今还保存着那张照片。

前排中间者为华罗庚

华罗庚毕生都驰骋在"数学王国"里。1985年6月12日，在东京的一个数学讲坛上，他走完了人生的最后一程。

跟随小分队的这七年是刘文魁成长最快、收获最大的七年，既开阔了视野，增长了见识，又提升了自己的职业境界。

女儿们眼中的父亲

人们常说，父爱如山，往往不是因为父亲的少言与深沉，而是因为父爱总是饱含着太多无法言说的感情。

刘文魁有三个女儿。大女儿刘晓乐早年毕业于哈尔滨工业大学，如今是郑州建筑设计院的高级工程师。二女儿刘赛赛曾在郑州大学工学院工作，后来因为工作需要回到了父亲办的学校工作，目前担任郑州科技学院常务副院长。小女儿刘欣毕业后一直跟随父亲一起在学校工作，目前参与学校的党务工作。

在大女儿刘晓乐眼中，父亲严肃、执着、有想法，"我小的时候，父亲就像一棵大树一样呵护着我们"。在二女儿刘赛赛眼中，父亲是一本很励志的书，"很多人50岁时就开始做减法了，而他却选择了创业。"在小女儿刘欣眼中，父亲是她心中的偶像。这个偶像形象是从她很小的时候就确立的，"因为凡是父亲想做的事情，基本上都实现了。"

小女儿刘欣与父亲在一起的时间最长。在她的记忆里，小时候，即便是在城市，人们也都缺衣少食，每个家庭的经济条件都不太好。"缺吃的"主要表现在很多孩子对吃饱的渴望上。刘欣清楚地记得，邻居家让孩子去买馒头，因为饿肚子是常态，孩子买上馒头走一路吃一路，等回到家，馒头已经全吃没了。刘文魁家里的生活算是比较殷实的。在那个年代能让一家人生活得比较殷实并不容易。刘欣说，小时候家里好像没有经济紧张过，反倒是办学之后经历过几次"钱荒"。

在她儿时的记忆里，父亲神通广大。亲戚朋友家里有什么难题总到家里求助于父亲。作为一名大学教师，父亲并没有什么权力，但他是一个热心肠，很多棘手的问题他都会想办法帮助解决。"他说到的基本上都实现了。小时候，父亲说什么时候要买一辆摩托车，买一辆小轿车，后来都实现了。包括办学之后，学校被纳入专科统招序列，他就说接下来要为申请本科做准备，本科通过后主动申请评估。凡是他说的，基本上都实现了。"这是刘欣佩服父亲的一个重要原因。

刘文魁很爱自己的女儿。20世纪七八十年代，社会盛行"棍棒之下出孝子"，但他从没有打骂或批评过自己的三个女儿。尽管在女儿眼中，他很严肃，也很少开玩笑。刘赛赛说，父亲看起来有点严厉，所以同学们都很怕他。小时候印象最深的是，父亲经常出差，回来时总会带些糖果。

父亲是一位生活能力很强的人。

"我爸我妈他们两个人的生活总是喜欢赶潮流，喜欢体验新的生活。"刘晓乐说，"小时候我们家里通常是家属院里最早用上流行家具和家用电器的。不是因为家里有钱可以买，而是父亲自己会做。当时流行宫灯桌，他就比照着图纸自己动手做了一个。并且与时俱进地给家里添置了彩电、电取暖器和落地扇等。一些电器是他买来一些零件自己组装的，他组装过落地扇和台灯，还做过一个皮革沙发。同学们都觉得我们家条件好，其实，我们家也没钱，只是父亲会不少其他人不会的技术。父亲的书法和绘画都很不错，他画齐白石的马画得活灵活现，只是因为办学牵扯的精力太多，没能腾出更多的时间来发展自己的业余爱好。"

父亲是一位有坚强毅力的人。

"生活中，父亲是一个寡言少语的人，有什么事情都是自己扛着，但他总是用实际行动来表达对我们的爱。"大女儿刘晓乐特别佩服父亲，她说："他在家庭生活和事业发展方面都为我们树立了榜样。他是一个特别能坚持的人，平日里不苟言笑，对子女要求很严格，在家里他很少跟我们开玩笑，但总是想尽一切办法给我们提供更好的生活，对家庭很负责。"

"只要他说难受，一定是不一般的难受。"刘欣说，"父亲很能忍，有一年痛风很严重，但从来不说，有一次我看到父亲疼得直拍桌子，可以想象那是疼到了什么程度。

"父亲是我们生活和工作上的榜样。

"母亲属于典型的贤妻良母。两个人一个主内，一个主外。两个人感情一直很好，办学后两个人曾在同一间办公室里共事很长时间。"

刘欣谈到自己父母的感情时很是感动。"母亲有什么问题时是父亲最紧张、最牵挂的。一次外出旅行，母亲不小心摔了一跤，父亲就一直在医院里陪护，很是自责，怨自己没能照顾好母亲。他们的确很恩爱，为我们树立了榜样，我一直在想他们让爱情保鲜的方法是什么。"刘欣感叹道。

自从办学之后，在女儿们眼中，父亲更忙了。"他有一颗纯粹的做教育的心，无论遇到多少投资的诱惑，他都始终咬定教育不放松。学校就是他的第四个孩子。父亲追求事业的精神对我影响很大，他总是说，凡事要学会自力更生，不等不靠，不依赖别人。"刘晓乐说，"遇到任何困难，父亲总能找到办法去解决。"

"父亲不抽烟、不酗酒、不玩牌，他把全部的热情都投入到了学校工作中，工作就是生活，生活就是工作。"刘赛赛说，"他的日常工作和业余生活是重合的，工作与生活其实是一件事。"

刘欣则说，父亲很少把时间浪费在休闲上，即便是周末一家人在一起吃饭，他都要和大家讨论学校发展的问题。

一个有执着梦想的父亲，因为创办一所大学，放弃了很多，也割舍了很多。于是，父亲的梦想慢慢变成了全家人的梦想：办一所值得学生信赖的大学。

刘文魁自述

思想的启蒙

我的童年经历了抗日战争和解放战争。小时候，爷爷去世较早，整个家庭都靠父亲一个人支撑着，生活自然很艰难。我记得，日子最难熬的时候，家里一天连一顿饭都吃不上。

说到读书，的确有太多难忘的回忆。没钱读书，让我比同龄的孩子缺少了太多的积累。幸运的是，邻居办有一个私塾，我在私塾里学习了大半年时间。虽然时间不长，但是我学到了很多知识。应该说，我是在这个私塾里完成了最初的启蒙。后来，私学被取缔，我和很多孩子一样都回到了家里。

辍学在家，我和我大哥一起在街上卖茶鸡蛋补贴家用。一直到了我13岁那年，遇到了一位好心的校长，才有机会从一名偷偷站在教室外听课的"编外学生"正式成为一名小学生。

再后来我顺利考入了周口中学，但是，家里实在太困难了，读了两年又辍学在家。一年后，河南省技工学校来周口招生，这是一所培养教师的学校，我和程金城一起参加了考试，都被录取了。来到郑州上学那几年，才真正开阔了眼界，学到了一些技能。因为学业成绩优秀，我和程金城在毕业时都留校做了教师。

工作期间，我曾被借调到市科委工作，这期间，有幸跟随华罗庚先生从事优选法、统筹法的推广应用，亲身体会到华老的爱国情怀、敬业精神和治学态度。

跟随华老"双法"推广小分队的七年，是我人生中收获最大的七年。那几年，我亲历了国家艰难的道路探索，也目睹了教育的落后，所见所闻都给了我强烈的震撼。

华老严谨治学的态度深深地影响了我。在华老的指导帮助下，我潜心研究优选法，用三个月时间，编辑出版了《优选法在机械加工中的应用》一书。华老还专门为我的新书写了序。为了写这本书，我专门住在北京。在北京的那段日子，每个礼拜天，我都去华老家里向他汇报书的进展情况，并请教相关问题。还记得在北京写书期间，在华老家里遇见了陈景润先生，后来我们还一起吃过一次饭。

华老是我们那一代人的精神偶像。他是初中毕业的数学教授，大家都知道，华老是自学成才的典型。我和华老有着相似的童年，都是因为家庭经济困难辍学在家。我了解到，小时候因为家里没钱，他经常找烟盒，在烟盒上计算数学题。

华老是新中国数学研究事业的开拓者，他不仅是一位伟大的数学家，还是一位科普专家。当年尽管在"文革"中受到迫害，但是，他依然坚持推广"优选法"和"统筹法"，将科学的理念广泛应用于工农业生产，并转化为具体的生产力。这就是一位科学家的社会责任感。

华老不仅对数学有研究，还喜欢音乐和诗词。我记得每次报告开始前，他都会先念一首或两首他写的诗。

关于华老对青年人影响，有四句话我至今记忆犹新。

第一句话是天才在于积累，聪明在于勤奋；第二句话是别人起床的时候，我已经学习四个小时了；第三句话是我研究数学是从小学数学教科书里一二三四五六七开始的；第四句话是要学会读书，要能将一本厚书读薄。

华老提倡学习要有两个过程：一个是"由薄到厚"，一个是"由厚到薄"。"由薄到厚"是指学习要积少成多，循序渐进，这是学习过程的第一步；重要的是第二步，即在"由薄到厚"的基础上，必须再返过来，"由厚到薄"。

华老当年是在日本演讲时突发疾病去世的。他去日本前曾经来河南讲学，当时我们还见过一面。

后来有媒体报道，在他去世前的半个月，记者问他："你最大的愿望是什么？"他不假思索地回答："工作到最后一天！"没想到，这句话成了真实。他的确为科学辛勤工作到最后一天，实现了自己的诺言。

第二章

非常生存

天下难事必作于易，

天下大事必作于细。

——《道德经》第六十三章

新加坡之行

1987年底，新加坡。

一个中国考察团来到这里进行教育和经济考察。这个考察团由九三学社郑州市委组织。刘文魁是考察团成员之一。

为了这次考察，刘文魁特地为自己购置了一套西装。在随身携带的行李中，他专门带了一个用来随时记录自己所见所闻的笔记本。

第一次走出国门，来到一个和中国有着相同文化底色但制度不同的国度，刘文魁对外面的世界充满期待。他无法预知，正是这一次的跨国之旅，铺就了他后半生的大学之梦。

新加坡被称为"花园城市"，所到之处，一眼望去皆是"风景"。但真正触动刘文魁的不是城市的美丽风光，而是当地市民的高素质和已经大众化的高等教育。

随行的讲解员介绍，新加坡被称为亚洲经济"四小龙"之一，这里经济飞速发展的最关键的原因是政府对教育的重视，尤其是对高等教育的重视。新加坡的高等教育是在1965年国家独立后发展起来的，短短20多年时间，教育规模和普及率大幅提高。

考察期间，刘文魁与随行的汽车司机有一搭没一搭地聊着天。

"您是什么学历?"

"大学毕业!"

"大学毕业?司机也需要大学学历吗?"

"这倒没有要求,我们这里大学已经很普及了。"

简单的对话,让刘文魁惊叹不已。他意外地发现,新加坡的高等教育普及率高达65%,而当时我国的高考录取率还不足5%。巨大的反差,让刘文魁思绪万千。新加坡的高等教育普及率远远超出了他的想象,而国内的大学入学率之低则令他心情沉重。

那时的中国,大学生被称为"天之骄子",是典型的稀缺资源。而河南作为人口大省,经济欠发达,教育相对落后,高等教育入学率只有2%。

在新加坡,考察团一行参观了南洋理工学院。

这所大学着重培养的是应用技术型人才,是以培养学生就业竞争力为基本目标的,着重强化实践教学环节,走产、学、研相结合的发展路子,培养的人才主要为中小型企业的发展服务,毕业生受到了用人单位的普遍欢迎。作为一名大学教师,刘文魁看得心潮澎湃。作为一个有着30年教龄的老教师,他觉得自己应该有所作为。

在新加坡考察期间,他一直试图理解新加坡高等教育程度何以如此之高,未来的中国会不会走到这样的局面。而对大学办学模式的了解,让他对自己的职业方向也有了新的思考。

教育强则国强。新加坡的发达与中国的落后这个鲜明的对比,促使他要做些什么。一个知识分子的使命感、责任感,让他心中渐渐萌生了一个清晰的想法——回国创办一所可以为国家培养应用型人才的大学。

在回国的飞机上,刘文魁思绪万千,他想起了中国私学第一人孔子,"三千徒众立,七十二贤人",开创了中国民间教育的先河;他想起了民国时期创办私立大学南开大学的校长张伯苓，在国家危难之际，培养了一大批挽救国家危亡的精英人才；他想起了跟随华罗庚先生在全国各地看到的经济落后和人才匮乏的现状。

20世纪80年代中期，中国的科技、教育、文化等各个领域的改革已开始启动，国家对民间办学也出台了相关政策。作为国家教育的补充力量，在条件许可的情况下，社会力量也可以办学。

1988年，改革开放已经走过10年。改革开放为整个中国经济带来了新的动力，也为中国的教育变革带来了机会，也让这一代人完成了一次思想洗礼和创业赋能。那个时候，在全国已经诞生了一些民办高等教育机构。

这一年9月5日，邓小平在会见捷克斯洛伐克总统胡萨克时，提出了"科学技术是第一生产力"的著名论断。"科教兴国"是那个时代的最强音。

刘文魁算是那个年代"不安分"的人。

刘文魁心动了！孔子说，五十而知天命。那么，天命在何方？

刘文魁知道自己的使命就是要办一所大学。

说干就干。回到国内，刘文魁就与另外两位朋友一起计划创办大学。创办大学从哪里做起呢？刘文魁做足了功课。他广泛调研，了解相关政策和现实需求。

1981年1月，经国务院批准，《高等教育自学考试试行办法》正式颁布，鼓励年轻人自学成才。这一实行"宽进严出""教考分离"的方式，燃起了数以万计的青年求知的欲望。一时间，自学考试风起云涌。一大批有志青年通过自学考试改变命运。

有人说，中国的自学考试制度是世界上规模最大、充分体现终身教育理念和学习型社会特点的开放式高等教育制度，是富有中国特色的"没有围墙的大学"。但是，现实中，自学考试的毕业率并不高。据有关资料显示，1984

年10月，河南省自学考试累计报名考生逾两万人，但真正敢于进考场参加考试的还不到一万人，即便是这一万名考生中，合格率也只有6%。毕业率低的原因有很多，其中一个重要原因就是学生学习方法不当，对教材知识把握不准。

于是，社会上一些有识之士开始办起了自学考试的助学机构，对参加自学考试的学生提供专业辅导。这便是中国第一批民办大学的雏形。

刘文魁正是沿着这样的轨迹开启办学之路的。

20世纪80年代，是一个伟大的年代，也是一个告别知识短缺、思想短缺和精神短缺的年代。创办一所大学就意味着给更多的有志青年提供告别知识短缺、思想短缺和精神短缺的机会，给他们增加一条通向更好未来的新路。

马云曾说，任何一次机会的到来都必将经历四个阶段："看不见""看不起""看不懂""来不及"。当年创办民办大学的机会也一样。并不是每个人都会有这样的想法，也并不是每个人有了这样的想法就会立即付诸行动。但刘文魁想到了，也付诸了行动。

这位寡言、实干的知识分子听到了内心深处的召唤，开始以实际行动履行一个民主党派人士"科教兴国"的神圣职责。

创大学

创办一所大学，在20世纪80年代是多么石破天惊的壮举！

但刘文魁内心的不安分和为渴望求知的社会青年创办一所大学的追求，决定了他要走一条不寻常之路。

四五十岁的人最害怕的就是改变，但刘文魁却在知天命之年冲出了自己的舒服区，选择创办一所私立大学。这让他的人生从50岁开始变换轨道。

80年代，高校教师是一个令人羡慕的职业，铁饭碗，工资收入也不错。听说刘文魁要办学，身边的人都不理解。80年代办私立大学并不是一件容易的事情。在全民经济占主导地位的当时，凡是涉及"私"字的都十分敏感，更何况是办教育。

"已是天命之年了，还瞎折腾啥呢？"即便是身边最近的亲戚也为他这样的想法捏一把汗。亲戚朋友们的话虽不多，但却饱含了太多的怀疑和不解，刘文魁非常清楚。

作为一名教师，作为民主党派九三学社的社员，刘文魁的创业冲动背后更多的是基于责任担当的理性思考。

刘文魁无法忘记自己童年求学时的不易，无法忘记被好心校长批准免费入学时感受到的温暖，所以，他始终是带着一颗感恩之心来思考办学这件事的。他要将这样的温暖传递出去，以爱育爱，用爱心点亮更多贫困家庭学生的心灯。让他记忆深刻的是，他在70年代有缘跟随著名数学家华罗庚先生一起在全国推广优选法和统筹法七年，走遍了全国很多地方，亲眼目睹的不仅是中国经济的落后，还有教育的落后，心里非常渴望能改变这一现状。

当时，我国正处于计划经济时代，高等教育专业设置、教材选用、毕业生去向均是由国家统一安排。也正是那段时间，"自学考试"风起云涌，为数以万计的青年成才带来了希望。80年代是一个渴求知识的年代，那代人是刚刚觉醒的一代，学习知识的愿望非常迫切。没有机会上大学的青年，开始通过自学考试，走上了自学成才之路。社会上曾经涌现了很多自学成才的典型人物，如张海迪，可以说是80年代自强不息、追求人生价值的典范。

但是，像张海迪这样自学成才的典型毕竟是少数，由于缺乏正确的学习方法，得不到有效的辅导，太多的考生走了不少弯路。如何把求学者、办学者、教学者三股力量凝聚起来，整合资源为社会服务，成为时代的要求、人民的呼声。

改革开放初期，万事万物都散发出蓬勃而生涩的活力。社会力量举办教育的政策逐步松动，民办大学大都从培训班起步。

1982年12月4日，第五届全国人民代表大会第五次全体会议通过并公布《中华人民共和国宪法》，其中第十九条规定："国家鼓励集体经济组织、国家企业事业组织和其他社会力量依照法律规定举办各种教育事业。"第一次以宪法的形式明确了民办教育的合法地位并将社会力量办学作为国家教育事业的组成部分，为民办教育事业的发展提供了基本的法律保障。

想到这些，刘文魁的心情久久不能平静，一种机遇、一种责任感使他热血澎湃。

于是，他屏蔽了周围人的劝告，带着创业的冲动，带着九三学社社员"科教兴国"的赤诚之心，也带着一颗感恩之心，走上了创办大学的追梦之旅。这个时候，刘文魁已在河南职业技术学院辛勤耕耘了30个春秋。

每个人都有梦想与憧憬的权利，只是每个时代有过梦想的人可能很多，但真正敢于付诸行动追求梦想的人却不多。

时间不等人，说干就干。

他开始与几个要好的朋友一起筹办学校。1988年5月16日，这一天是刘文魁的生日，在经历了艰难的努力之后，最终经教育部门批准，中原职业大学（郑州科技学院前身）正式成立。刘文魁说，之所以取名职业大学，就是想培养更多接地气的实用型人才，不仅要帮助学生成才，还要帮助他们解决就业的问题。

从此，一位年届50的大学教师创办的民办大学登上了历史舞台。毫无疑问，这所大学的诞生应该说是刘文魁认知和理想的变现。

在人们都在追求安稳以及思想相对保守的年代，凭借个人之力创办一所大学，这可能是一条没有终点的征程。尽管他对创业之难作了充分的思想准备，但这种看不到终点的创业之路，还是远远超出了他的想象。

万事开头难，困难像海浪一样排山倒海接踵而至。没有资金，没有资源，没有师资，从0到1的创生面临着一道道难过的坎。作为河南民办教育的先行者，刘文魁一切只能摸着石头过河。那个时候，所谓的办学，一切都是靠"租"支撑的。租赁中小学、中专学校的地方，寄人篱下办高等教育自学考试辅导班。

没有教室，他临时租房；没有学生，他骑着自行车在夜间张贴招生广告。为了节省广告费，他就自己动手制作广告牌，亲自书写招生广告。这个时候，从小练就的毛笔字派上了用场，每天写完招生广告他就带领几位老师，提着糨糊，沿着大街小巷张贴广告。没有钱买教材、设备，他将夫人的私房钱拿出来，然后再找亲朋好友东挪西借。为寻找合适的校舍、邀请到优秀的教师，他几乎跑遍了郑州市的大街小巷。那段日子，刘文魁每天骑着摩托车穿梭于大街小巷，寻找适合学生学习的场所。

创业是一条不归路，只有起点没有终点。自从创办这所大学，他很少有休息的时间，越是到了周末越是最忙。创业之后的工作就像一个黑洞，吸走了他的时间和生活。那个时候，几乎每个晚上，人们早已进入了梦乡，刘文魁窗前的灯却依然亮着——他为学校的发展夜不能寐。

工作千头万绪，困难重重。校舍、资金、师资、设备等一系列问题刚刚得到解决，1989年学校又进入了低谷，原先协同办学的几位同志借故离开了……

面对这样的办学境地，质疑的声音、非议的声音接踵而至——

"早点收手吧，别把自己搭进去！"

"老刘啊，千万要谨慎决策啊，搞不好就是自毁前程。"

也有朋友劝说："老刘啊，家里不愁吃不愁穿，孩子也大了，该歇歇了。"

刘文魁则说："我不要国家一分钱，为国家培养人才，何罪之有？"创业路上，很多人难免会在意别人的评价，也难免会因为别人的评价而改变自己的想法。但是，刘文魁在这一点上有着清醒的认识，他知道自己需要什么，他也知道自己在做什么，所以，始终不被周围的人的思想所裹挟。

没有付出何来收获！刘文魁认准了这个道理。他知道：民办教育的创办者和领导者必须不为名利、不怕苦累、不怕打击报复，才能有所成就。

有人说，没有伞的孩子只能在雨中奔跑。一个人的办学路上，没有保护创业的围墙，刘文魁只能在困难中奔跑。无论碰到多少苦难，刘文魁一直在坚持做自己想做的事情，几年下来，似乎结果也没有别人想象的那么糟。

学校成立后的第一年，学生就在当年考试中取得了优异成绩，赢得了社会各界的赞誉。学校很快从最初的4个专业300多名学生，发展到10多个专业1600名学生，教学部也由原来的3个发展到6个。

走进南阳路38号

创业初期，尽管激情满怀，但办学过程中充满了太多他始料未及的难题。尤其是办学之初四处租房、频繁搬家，这种打游击式的办学日子让他疲惫不堪。但刘文魁总是不满足于现状，经常骑着那辆破自行车东奔西跑，物色更好的校舍。从办学开始一直到现在的校址，教学部遍布了郑州金水、邙山、二七、中牟等县区，最困难的时候学校一年要搬两三次家，最多的时候有七个教学部和汝州分校。在回答学生问起学校到底有多大时，一位招生老师曾说："中原职业大学遍布郑州，好大好大。"

曾经留校跟随刘文魁做助手的孟洪斌说："那些年我真切感受到了董事长创业的不易。"

"大概是1992年的冬天，我和校长一起到中牟县教育局洽谈合作，洽谈结束时已经是晚上8点多了，董事长骑着他那辆重庆嘉陵摩托车带着我顶着寒风返回郑州。校长的这种精神对我影响很大。"谈到董事长的不易，孟洪斌感慨万千。

作为刚开办的学校，人们总是关注第一批学生的去向。1990年秋，首届毕业生离校，学校顺利解决了毕业生的就业问题。看着300名意气风发、学有所成的学生走上了工作岗位，刘文魁的眼睛湿润了。接下来几届毕业生同样得到了很好的安排，当时有关媒体还报道了学校的就业情况。最突出的是，1990级工业与民用建筑专业毕业生张明安在1993年被破格聘为高级工程师，郭为华在濮阳中原机械厂被提拔为厂长助理，国际贸易班杨笙涛、田新等人到日本留学，张海英留学澳大利亚，还有10多名学生考上了研究生……

1993年，学校被河南省教委、郑州市教委分别评为社会力量办学优秀单位。这一年，刘文魁在南阳路38号租到了一块地，建了三层楼，这被称为中原职业大学的教学总部。在刘文魁的心里，有了自己的根据地，心里总算踏实了一些。

正如人们通常思考的那样，南阳路38号无非是一条路上的门牌号。说是大学，其实是都市村庄寺坡村的旅社，由于地处海棠寺，38号便是海棠旅社。这就是学校的总部。但凡早期在这里毕业的学生，对38号总有挥之不去的记忆，从那里领取学生证、获取毕业证，从那里获取知识、走向社会……如今，这里已经成了高档小区，"南阳路38号"也已成为中原职业大学的代名词。

尽管有了所谓的总部，但学校并没有减少其他的教学点。生源最多的时候，学校曾在郑州市区租了7个教学点，称为7个教学部，分布在郑州市的金水区、邙山区（今天的惠济区）等地，点与点之间相隔数十里，刘董事长每天都要亲自巡查一遍。

一天，在南阳路38号教学总部召开学生大会，刘文魁突然晕厥在地，大家顿时慌作一团，赶快把他送到医院。刘文魁昏迷了两天，医生让他住院休息，但是他心系学校、心系学生，执意要求出院，大夫只好给他开了药开了针，他把针和药带到办公室，边打针边工作。这样的精神，让老师们非常感动。有老师说："我们的校长是在用生命哺育学校。"

在困难的时候，刘文魁曾用孔子的话告诫自己："困而不学，民斯为下矣。"为了让更多的学生能通过上学改变命运，他曾主动上门，到贫困家庭动员家长让孩子去他的学校读书，也曾登门请求一些名师来学校任教。这一切努力，都是因为他对一所大学未来的憧憬。

当年，有太多的想法都是在南阳路38号的办公室里产生的。很多重要的决策都是在这里敲定的。在办学理念上，当时刘文魁提出"不选择适合教育的学生，要锲而不舍地去探索、创造适合学生的教育"，这也成为中原职业大学素质教育的重要课题。在学校文化层面，他则提出要发扬"四种精神"。他总结办学几年来的风雨历程和经验教训，提出了艰苦朴素的创业精神、大公无私的奉献精神、团结实干的拼搏精神、锐意改革的创新精神。这"四种精神"中每一种精神背后都蕴含着太多的故事，后来成为学校核心文化的一部分。在强化学生实习方面，刘文魁创办了校办企业郑州大华装饰工程公司，开启了校企结合、企业哺学、滚动发展的新路子。

对于早期的学生来说，南阳路38号在很多人的记忆里，是一种标志性的存在。毕业后留在郑州工作的南阳籍学生周保生谈到南阳路38号时说："感恩于这个看上去简陋的不大校园，无论怎样，中原职业大学使我从农村走向了城市，过上了幸福的生活。"

后来留校工作的袁春林说："学校总部虽然面积不大，但在那里我们感受到了学校的温暖。"他记忆最深刻的一幕是在迎新报到处，当时的刘校长（起初以为他是学校的一名老师），衣着简朴，对学生和蔼可亲，曾对学生说："大家要努力学习，每个人的路都是靠自己走出来的。"这句话至今铭刻在袁春林心中。在袁春林眼中，校长是一个很节俭的人。他在生活上并不太讲究，捞面条好像是校长的最爱。在南阳路工作时，因学校餐厅较远，每到中午吃饭，学校周边小吃店成了学生们经常见到校长的地方。

刘文魁常给教师们说：教育，培养的是人才；办学，教学质量是根本。所以，他想尽一切办法追求更好的教学质量。20世纪90年代初期，因为河南高校数量较少，高考人口多，高考录取率比较低，大量考生沦为落榜生。1993年，全省参加自学考试的人数超过10万，充足的生源为学校的发展奠定了坚实的基础。学校狠抓教学质量，创造了考试通过率高出郑州市自学考试社会参考过关率50个百分点骄人成绩，顿时声名鹊起。有时候一年招生就超过1000人。

中原职业大学的发展受到了各界的关注。1995年，《河南日报》曾以《刘文魁的创业史》为题报道了刘文魁的办学事迹。对这一时期发展起到重要推动作用的媒体，还有在全国发行数百万份的《中学生时事政治报》。当时，社会上各类民办高校鱼目混珠，该报开辟了一个专栏，专门解答落榜生的疑问，而推荐的第一所民办大学就是中原职业大学。文章发出后，效果显著。在那个资讯还不够发达的年代，报纸的影响力很大。"邮局每天送到学校的学生咨询信件成麻袋装。"刘文魁说。

南阳路38号承载着郑州科技学院成长的少年期，为学校后期的发展积蓄了重要力量。直到2000年底，南阳路38号总部才正式撤销，郑州科技学院彻底告别租房办学的历史，进入大规模的跨越式发展时期。

移师马寨

位于郑州市西南部的马寨经济开发区，有一所占地1500亩的民办大学。这里不仅是郑州西南部的一个文化地标，还承载了两万多名莘莘学子的梦想。这里后来被命名为"学院路1号"，是中原职业大学再出发的地方，也是郑州科技专修学院起航的地方。

20多年前，学校还没有这么大，只有100多亩地，孤零零地矗立在一片荒芜中，像一座孤岛。1996年5月，经河南省教委批准，中原职业大学更名为郑州科技专修学院，逐步由高等教育自学考试转向高等教育学历文凭考试。郑州科技专修学院开始在这里起步，尽管道路曲折坎坷，但从此进入了一个高歌猛进的发展阶段。

今天回忆这段历史，一两句话就可以概括，但实际上每一次转折背后都有不足为外人道的艰难。

1994年，刘文魁应邀到北京参加一次全国性的民办学校会议，全国参加这次会议的同类学校大概有四五百家。交流发言中，当有校长谈到"征地建设独立校园"的那一刻，刘文魁的脑海里闪过一个念头：我也要建一所真正属于自己的校园。

从这次会议上获取的信息让他思绪万千。回到学校，刘文魁按捺不住内心的激动，就将自己的想法与几位副校长交流。他的激动并没有传导给大家，相反，交流的气氛一度陷入了沉闷。突然之间冒出这样一个想法，显然超出了大家的认知。

向来做事谨慎的副校长吕守信首先发言，他说："老刘啊，这事你可要考虑清楚了，社会力量办学的前景还不明朗，要征地，还得建房，投资这么多，资金怎么办？再说，如果办好了，最终是国家和社会的；要是办砸了，一切后果可是老刘你自己承担啊！"

在当时国家对民办教育尚无明确支持性政策，学校可谓一穷二白。一说到征地，和他一起参与办学的几位老同志都打起了退堂鼓。因为他们心里清楚，这背后意味着什么，这绝不是凭着一股热情就能做成的。

结果可以料到，领导班子不可能达成共识。

转眼到了1995年。此时在校学生已达2000人，教职工逾百人。面对如此规模的学校，刘文魁昼夜难眠：没有属于自己的阵地，谈何育人？寄人篱下的办学终究长远不了，征地办学才是长久之计。是否征地，又成为摆在他面前的艰难抉择。

刘文魁清醒地认识到，当时河南省各地民办高校有近百所，生源竞争日趋激烈。那个时候，因靠租校舍办学，学校几乎每学期都要搬家，最多时候，一学期搬了三次地方。"寄人篱下，实在太受委屈了。"刘文魁常常自我追问，"如果一直'打游击'，这样的办学到底能持续多久？"

"我也知道有风险，其实，此前吕副校长的想法我已经做了无数次的思考了。顾虑肯定是有的，但是，学校必须向前发展，不能永远这样寄人篱下。"刘文魁说。

是做个知足常乐者，还是做个永不知足的进取者，抓住机会，将办学规模提高到一个新的高度？征地与不征地，这是两个世界，也许谁也无法理解谁。但一个创业者总要有自己的主心骨，要有自己的独立判断。

一腔激情，又一次冲击着刘文魁。

回到家里，刘文魁又一次将这个想法说出来征求爱人可淑文的意见。可淑文说："学校总归要有自己的地方，要征地，钱的问题我可以来筹借（当时，可淑文的一个亲戚做防腐生意，经济比较宽裕），实在不行，我们把自己和子女的房产做抵押来贷款。"爱人的理解和支持让刘文魁更加坚定了。

"我觉得做事情要敢于冒险。"可淑文补充说。

刘文魁被这句话深深击中了。"哪一位成功的创业者不是冒险的结果？"办学犹如逆水行舟，不进则退。

1995年底，刘文魁通过多方实地考察相中了位于郑州市二七区马寨镇的一块地。位于郑州西南部的马寨镇被称为"马寨产业集聚区"，是在当地乡镇企业逐步发展壮大、聚集后形成的经济繁荣区，是集商贸、休闲观光、科研教育为一体的省级重点产业集聚区，也是二七区"四大经济板块"和"三大功能区"发展规划的重要板块。

此时，已年近六旬的刘文魁表现出了年轻人的创新精神和魄力。"自征一块地，建一所属于自己的学校。"他的征地之梦起航了。但在很多人眼里，这是一个多么不靠谱的决定。

1995年底，刘文魁相中了开发区的300亩荒地，但需上千万的购地款，资金远远不够，咋办？

刘文魁开始与当地农民协商，不付地款先付利息，这样既能保证当地农民每年的固定收入，又能缓解学院无力一次性支付大笔资金的压力。就这样，地的问题解决了。但是，接下来的问题还有一箩筐呢。付完当年利息，刘文魁手上又快没钱了。他先是把自己和子女的房产做抵押贷款，然后又从亲戚家借来400万元。经过多方筹措，终于暂时解决了建设资金问题。

在二七区马寨镇政府的支持下，一期建设工程用地105亩开工，拉开了自有校园的办学序幕。1996年8月，学校完成一期工程，硬是在杂草丛生的黄土地上使一栋栋教学楼、宿舍楼拔地而起。

有了"半壁江山"，刘文魁又主动找来了银行的朋友。看了校园，看了学校当年良好的招生情况，银行对学校的未来有了信心。于是，二期工程的贷款又有了着落。就这样，短短两年时间，一所评估价值8000多万元的颇具规模的现代民办大学，屹立在了中原大地上。

敢吃螃蟹的刘文魁最终结束了租房办学的历史。但是，谁能理解一位创业者痛下决心时的焦虑？谁能理解征地期间，因为要盖一个章、找一个人，蹲在土地局门口一守就是一星期的煎熬？谁能理解为了筹借资金遭受的冷眼？

白手起家从四处租房到有了根据地南阳路38号，再到建设马寨新校区，刘文魁用了七年时间，中原职业大学终于迎来了自己的春天。七年，这个春天似乎来得也不太晚，刘文魁的付出终于见到了回报。

1996年，第二期工程还在施工，第一批学生已经搬进了刚盖好的教学楼，一切是那样的新鲜，一切又是那样的充满希望。这一年，学校承办了全省民办高校的一次会议。当年与刘文魁一起办学的朋友看到这么多楼房，不是欣喜而是为刘文魁捏了一把汗："贷款建这么多楼房，如果招不到学生，怎么办？"

朋友的担心不无道理，但在刘文魁的内心深处，他相信结束了"借宿"生涯的学校一定会越来越好。

1997年，学校被授予"学历文凭考试河南省首批试点院校"，学校更名为郑州科技专修学院；2001年被省政府批准为普通院校，易名为郑州科技职业学院；2008年经教育部批准，学院升格为本科高校，更名为郑州科技学院。

这个过程中，从100多亩到300亩，再到1500亩，学校按照既定的发展规划不断"扩张领地"，郑州科技学院的发展也因此能够在全省保持领跑地位。

与困难谈一场"恋爱"

人的脆弱和坚强都超乎自己的想象。有时，我们可能脆弱得一句话就泪流满面，有时，也发现自己咬着牙走了很长的路。

——莫泊桑《一生》

这是我最想写的主题之一。

每一个成功的创业者毫无疑问都是"拼命三郎"，这种"拼"是一般人所难以体验的，这种"拼"是在无数个无法预知的困难中写就的。

每一个成功创业者的身后都不只有光荣和梦想，还有艰辛和阵痛。其实，创业历程从来没有想象得那么光鲜，相反，每一步的发展都带着汗水和泪水。发展多么高歌猛进，困难就会有多么曲折不堪。

生命的意义在于挑战。

对于刘文魁来说，就是不断挑战办学中的一个个难题。他坚信，无论问题多么棘手，只要自己不放弃，就不会被困难裹挟，就总能找到解决问题的钥匙。

每一所学校都在面临着未知的考验，"顶住"是刘文魁遇到迎面而来的困难时，内心最坚不可摧的力量。"困难就像弹簧，你强它就弱，你弱它就强。"刘文魁说。

选择之难，是刘文魁办学路上一个严肃而富有挑战的命题。

在办学之初，遭遇各种非议时，办还是不办？

贷款征地建校时，征还是不征？

砍掉自学考试招生时，砍还是不砍？

可以申报本科时，升还是不升？

本科教学合格评估时，申报还是不申报？

……

每一次选择都是一场艰巨的挑战，身边的人可以动动嘴就作出判断，而他却要拿自己的全部家当来做选择可能付出的成本。

尽管郑州科技学院的每一次转折背后都意味着一次艰难的选择，但最终都是一个幸福故事的开启。

刘文魁难以忘记在办学的第二年，学校开设的一个专业与自学考试不对口，部分学生不能如期参加考试，一时间，整个校园像炸开了锅，甚至波及到了校园外。一时间，学校秩序陷入混乱。

眼看着学校办不下去了，在山雨欲来风满楼之际，一起合作办学的伙伴一个个选择了离开。紧接着，学校的经济也陷入困境。前面的事情尚未完全解决，新的难题又来了。因为没钱支付房租，刘文魁被房东锁在屋子里，房东声称：交不出钱就不放人！

这可能是办学之初最绝望的时刻。中原职业大学就像一叶刚刚起航的小舟，在风浪中颠簸飘行……

与此同时，周围的风言风语也接踵而至——

有人说：刘文魁办私学，学术上是复古主义，经济上是资本主义，政治上是投机主义。

有人说：刘文魁办学是不务正业，怕是偷鸡不成反蚀把米。

也有人说：刘文魁办学属于财主叫街——现成的饭碗不端，找罪受哩。

中原职业大学的几个分校相继解散，直属分校当年也被迫停止了招生。

身边好心的朋友劝刘文魁早点撤退："别人都罢手了，你还迟疑啥呢？等挤着手可就来不及了。"

是的。如果不去"折腾"着办学，安分守己地做好一名大学教师，刘文魁可能会走上学校领导岗位，或者成为学界的佼佼者。如果不办学，他的生活会一直不错。凭着对防腐技术的研究以及他在教学方面的造诣，利用业余时间，无论给一些企业做技术指导，还是到一些培训机构代课，刘文魁都能为家庭增加一笔不菲的收入。

但人生是一条单行道，从来不会有"如果"出现。

在最煎熬的时刻，九三学社郑州市委副主委卞志滢跟刘文魁的一番对话，让他的世界开始明亮起来。他永远不会忘记卞志滢教授给予他的支持和鼓励。

在卞志滢教授的办公室里，刘文魁向她汇报了学校的变故。卞志滢的一番话像冬天里的火炉给了刘文魁莫大的温暖。

卞志滢语重心长地说："五千年的中华文明养育了我们这个民族，有太多的优良传统需要继承，但是不要忘了，刻板、保守、中庸、遁世等消极因素也是这个文化的一部分，它们往往会成为我们事业发展的绊脚石。有些文化是需要扬弃的。

"中原职业大学的事件不就是很好的例证吗？"

刘文魁深深地点着头。

"40年代中期，九三学社的前辈主张'普及国民教育'。今天党中央提出'科教兴国'战略，老刘，这不是民族共鸣吗？这不就是中华民族伟大复兴的号角吗？一个有民族责任感和使命感的知识分子，应当用生命去诠释它！"

卞志滢的话让刘文魁激动不已，一向不苟言笑的他露出了会心的微笑，连声说："你说得太好了，你说得太好了。"

卞志滢拍了拍刘文魁的肩膀，也笑了："老刘，有人说你傻，我看你是傻得可爱呦。"

"直属分校一定要办下去！资金短缺，我们一起想办法。缺老师，我去义务授课！"卞志滢的话，让刘文魁倍感温暖。也正是这番交流，使刘文魁更加坚定了办学的信心。

凭借着办学的信心和不服输的精神，刘文魁挺过了办学的难关。

马云说："困难的时候，要学会用左手温暖自己的右手。"刘文魁则是与困难死磕，这让他的内心也变得更加强大。

刘文魁回忆办学的过往，许多难题如数家珍，至今让他记忆犹新。"最困难的时候，还是缺钱的时候。"刘文魁说。

1996年学校经历过一段艰难的日子。当时教学楼和宿舍楼正拔地而起，但资金却出现了缺口。学校的会计急得团团转，但身边的人并没有看出刘文魁的慌乱。凭借一颗热爱教育的赤诚之心，刘文魁最终感动了银行同志，申请下了第一笔贷款。于是，短短一年多时间，在杂草丛生的荒草坡上矗立起了一座座崭新的教学楼、宿舍楼和餐厅。

为了这笔贷款，刘文魁三天三夜没睡一个好觉，再加上几个月来很少按时吃一顿热饭，劳累过度，在一次全体师生大会上，他竟然栽倒在了主席台上。可淑文回忆说，在创业之初，刘文魁曾经有三次是学生用担架抬回来的。但这一切并没有阻碍他办一所好大学的脚步。

与1996年那次"钱荒"相比，2009年的那次资金问题，也是一次不小的挑战。那个时候，学校已经正式升本，在校的教职员工有1000多人。当时面临的直接难题是，这么多人的工资没有着落。那段时间，一家人面临着巨大的压力。

小女儿刘欣一直负责学校的财务工作，她建议说："不行，就缓发一个月工资吧，实在扛不住了。"刘文魁却否定了这个建议。"办学遇到资金困难，怎么能让教职员工去扛呢？"刘文魁说，"再说，一旦发不了工资就可能引发教师团队的不稳定，后果可能不堪设想。"

校内是教师工资没着落，校外施工方又出了问题。学校升本之初，基建任务重、时间紧，三四个建筑队同时施工，资金流量很大。虽然已经提前支付了一部分工程款，但施工方却没有及时给工人发工资，临近大年三十，不少民工等着工钱回家过年，棘手的问题又推到了刘文魁这里。按照协议规定，校方已经支付了前期的工程款，剩余部分工程款应待工程结束再支付。如果拿协议说事，学校完全可以置之不理。但刘文魁考虑的是大局，他担心，正值年关，施工方拖欠民工工资如果引发恶性事件，谁都不好交代。于是，刘文魁自己主动出面筹款，为民工发工资。拿到工钱的民工，看着眼睛通红、极度疲惫的这位老人，感激得直抹眼泪。

在遇到困难的时候，刘文魁常常会想起英国小说家笛福的《鲁滨孙漂流记》中的故事。

鲁滨孙在一个荒无人烟的小岛上生存了28年，以他的毅力将一座"绝望岛"改造成了"希望岛"。在岛上，鲁滨孙先寻找有水、不被太阳晒、能防野兽的地方，盖起简易的房屋，解决了住所问题；他靠岛上的山羊为生，用一点小麦反复地播种，终于解决了食物的问题；鲁滨孙后来还收留了一位野人做仆人，取名"星期五"；其间，还救了一位船长……历尽艰辛，最终回到了英国。

"与鲁滨孙比起来，我们今天的这点困难又算什么呢？"刘文魁常常这样勉励自己。

看一位创业者,不是看他如何成功,而是看他身处困境时如何去化解困难。"有些事,不管它有多么困难,你不去做,它永远都是那么难,但是你努力去做了,其实就会发现并没有想象的那么无解。走过去,灯就会亮起来。"这是刘文魁与困难恋爱的最大心得。

不管遇到了多少困难,不管这些困难有多大,郑州科技学院这棵小树苗已经破土而出了。

1993年,学校被郑州市教委授予先进办学单位。1995年学生在校生超过2000人。1996年征地建设的新校区第一期工程投入使用,当年的生源超过3000人。

人的一生都在追求两样东西:一个是自由,一个是幸福。在刘文魁眼中,自由就是可以做自己喜欢的事情,幸福则是一辈子喜欢自己做的事情。刘文魁就是两样兼得的一个人。尽管这一切都与无数个大大小小的困难有关。

刘文魁的管理经

1995年，中原职业大学正式迁到新校区。1996年，中原职业大学改名为郑州科技专修学院，确定为全省学历文凭考试试点院校。

这个时候，学校开始实行"封闭式管理、开放式教学"，这是刘文魁确定的"十字方针"。刚开始实行半军事化封闭式管理，在学校内部有不少人提出疑问甚至反对意见。"这样管大学生行吗？""是否限制了学生自由活动的空间？"对此，刘文魁丝毫不为所动："我们的学生大多来自乡镇农村，而且年龄普遍偏小，自我管理能力不强。只有严格管理，才能营造安全的学习环境，让学生在短短两三年时间里学到更多知识。"

正是这样的管理，赢得了学生家长的普遍认可，也得到了绝大多数学生的理解和支持。有一点非常明显，郑科院的学风很好，学生的自主学习能力也明显增强。当然，这只是那个年代产生的管理经验。如今，学校早已走向了更自由、更开放的管理文化。

在管理上，刘文魁并不激进，他的思路就是不断纠偏、改进、优化。现代管理学之父德鲁克说，管理的第一个任务是靠人来实现的。由此可见，使员工有成就感，逐渐成为管理的一项重要任务。在新的管理方式中，管理的目标不是"管理"人，而是充分发挥和利用每个人的特定优势和知识。在对人的管理上，刘文魁认为，不去试图统一思想，而是要统一目标，所有人向着这个目标不断努力；不去总是紧盯下属的错误，而是要放大工作中展现出的创新点，用其所长，避其所短。

对于学校内部的管理者，刘文魁要求，管理者一定要亲自走到现场去——腿勤，多调查；眼勤，多观察；手勤，多记录；口勤，多沟通；脑勤，多思考。他希望管理者能够虚心学习、管好心情、理好人情、办好事情——

虚心学习：向别人学习，"三人行，必有我师焉"，干到老学到老；成功的领导者应具备智慧、知识、胆识、品德、创新及沟通能力。

管好心情：人人都有烦心的事，要想办成大事，先要管好自己的心情；民办教育烦心的事更多，希望大家能用平和心态去处置。

理好人情：对内选好人、管好人、用好人，做到人尽其才、物尽其用；对外理好人际关系，求人办成事情。

办好事情：找准目标，明确任务，制订措施，尽职尽责，做好本职工作。

对于一线教师，刘文魁号召大家做习近平总书记提出的"四有"好老师，即"有理想信念，有道德情操，有扎实学识，有仁爱之心"。在此基础上，刘文魁进一步细化了要求，希望郑州科技学院的教师要有"一副好仪表，一副好口才，一肚子学问，一手好字，加上良好的师德和过硬的教学能力"。"我想，学生说好，才是真的好。好教师，对学生来说，课前是一种期待，课中是一种享受，课后是一种满足。"

民办高校的青年教师居多，郑州科技学院也一样。刘文魁将青年教师的成长过程划分为三个阶段，也可以说是三种育人的境界：初级教师教知识，做好经师，重在解惑；中级教师教能力，做好能师，重在授业；高级教师教智慧，做好人师，重在传道。刘文魁说，青年教师首先要做一名合格教师，要不断提升自己，让学生喜欢学校，让学生喜欢自己，让学生喜欢这门课程。

他希望学校未来能涌现一批既是学科专业带头人，又是优秀教师团队的领导者，能承担起示范课、精品课的教学工作和一些重大科研项目。

他还强调，一线教师面对不同的学情，要秉承不同的教育观：一是差异教育观。先师孔子倡导有教无类，面对有差异的学生，我们更应该设计有差异的课程，实施有差异的教育，实现有差异的发展。二是人人成才观。对待学生，应该坚信学生人人有才、人无全才、取长补短、皆可成才的教育人才观。三是人才可塑观。培养学生有时候就像加工产品，在原材料上精雕细刻，所有原材料都会成型成品。因此要相信，是泥巴可烧砖，是矿石可炼钢，是金子会发光，是人才终露尖。

对行政管理人员，刘文魁提出了四点要求：一是待人，以诚相见，做到真情、真意，真心；二是处事，一碗水端平，做到公平、公正、公开；三是律己，常照镜子找差距，做到慎思、慎言、慎行；四是爱生，以爱育爱，做到关心、爱心、贴心，一切为学生的成长成才服务。

在干部任用上，学院始终坚持"任人唯贤、德才兼备"的原则，结合干部队伍学历背景多元化的特点，率先在学生管理干部队伍中推行轮岗制度，让干部们主动适应新环境，增强深入学习的能动性，切实提高工作效能。同时，为提升中层管理干部综合素质和管理能力，确保学校发展目标的实现和各项决策的顺利实施，实行中层干部述职述廉、部门同级评定、三级管理等考核制度，积极落实干部自评、处室互评、领导评定、下属评定"四位一体"的考核措施，努力做到全面、客观、公正、准确地考核中层管理干部的政治素养、业务能力及其在具体岗位上的履职能力，建立起符合自身实际状况和发展方向的中层管理干部考核机制，让中层管理干部在实践中经受锻炼，不断明确善于谋事、积极干事、努力成事的责任担当。

建校30年，郑州科技学院校培养了一大批优秀的学校干部。他们工作认真、负责、敢于担当，可以说是勤政敬业，把学校的事业当成自己的事业。"学校发展到今天，这些干部们都有一份功劳、一份心血，他们应该说是学校的功臣。"如何在30年的节点上更好地再出发，具有反思精神的刘文魁也给干部队伍敲响了警钟。

在一次内部会议上，刘文魁将干部中存在的问题归结为五种现象：一是缺乏宗旨意识、大局意识、担当意识和服务意识，政治素养需要提高；二是工作随大流，不求有功，但求无过，缺乏创新精神，工作态度需要端正；三是自由散漫，乱讲乱说，讲话不负责任，责任意识需要加强；四是懒政、怠政，工作不作为，没有成效，思想和业务水平需要提升；五是违规、违纪，乱收他人财物，廉政作风需要加强。

刘文魁就是这样，善带队伍的他一直努力将学校推向新的高度。

刘文魁自述

办教育拼的是信念和毅力

说实话，个人办学真的不容易，一路走来，说是一把辛酸泪吧，可能有点儿夸张，但是我相信每一个办学人都有一本难念的经，都有过或大或小的难处。

办学的最初几年真是没少作难。为了省钱，我自己抄写招生简章，骑着自行车带着孩子大街小巷张贴广告，而且广告往往是在夜间张贴。

因为校区比较多，我平时又在原来的单位有工作，所以想到各个校区转一转都是利用业余时间，可以说有时候连饭都没时间吃。办学过程中，我也遭遇过各种议论。其实有各种议论也在所难免，因为你做了在别人看来有些出格的事情。

那个时候，尽管遇到不少困难，大到资金困难，小到处理学生之间的摩擦事件，大大小小的问题每天都有。但问题既然来了，总不能绕着问题走吧？寄希望于别人帮助解决，也不大可能。我的一个想法始终很明确：那就是好不容易办起来的学校绝对不能轻易就停下来。这可能也是学校能发展到今天的一个重要原因。

当时，钱是我找亲友借的，校舍是从几个地方租的，教师也是苦口婆心游说来的，而且大部分是兼职……两手空空办教育，拼的是信念和毅力。

难归难，不过令我欣慰的是，最初几年培养的学生出路还不错，学校在社会上也逐步产生了良好的口碑。我记得有一段时间，"中原职大，路在脚下"这句广告语可谓家喻户晓。

为了办好学校，我想了不少办法。在安排学生就业方面，我的办法是，与学生签订就业协议，然后进行合同公证，以此了却学生就业的后顾之忧。我记得，从1993年起，学校开始与每一位新生签订"毕业生安置协议"。协议规定：毕业生若需学院安置工作，由院就业安置办公室在半年内安排令学生满意的工作，并保障用人单位符合以下五个条件：一是用人单位效益好，具有一定的发展前途；二是试用期工资不得低于所在地的最低消费水准；三是接收单位能提供食宿条件；四是享受与本单位职工同等福利待遇；五是专业对口或相近。

为保证协议得以实施，学院通过郑州市第五人才分市场对毕业生进行跟踪服务，若用人单位不履行上述五个条件，学院和人才市场将出面协调或重新推荐就业。

学生的就业问题是困扰所有民办高校发展的大问题。可以说，谁解决了这个问题，谁的学校就能更受欢迎，发展更快。但是，以合同方式签订协议，保障毕业生就业，不光要有魄力，还要有相当的承受能力。因为经过法律公证的合同规定，只要有一名毕业生在半年内没有安置好工作，学院便要退还三年全部学费。

办学之初，学校发展形势最好的时候，除了在郑州市区的教学点外，在中牟县和汝州两地还建立了分校。一直到了1996年，学校被省教委批准为学历文凭考试试点院校，学校校名也从"中原职业大学"更名为"郑州科技专修学院"，学校才将郑州市以外的两个分校撤销。

其实，最让人焦虑的还是在遇到重大事情决策的时候，因为没有人可以预知未来。民办高校的未来到底怎样，谁都不知道。比如，当年征地建校的时候，其实我也有很多顾虑，没有任何顾虑是不可能的，只是当家人（编者注：指夫人可淑文）给予了我充分的理解和支持，这使我更加坚定了自己的想法。

我是想将办大学这件事作为一生追求的事情去做的，也从来没想过要通过办学赚多少钱。

积累的一些资金全部投入到建校当中还远远不够，这就需要继续借钱。

在筹钱方面，我也想过不少办法。

第二期征地有800亩，如果我一次性支付800亩地的费用，我就没有资金建设校舍了。怎么办？我们就与当地农民协商："你们的土地钱可以先存在我们学校，你们每年从我们这里获取利息，这个利息比银行的利息要高，是按贷款利率支付的……"就这样，农民很高兴，学校把征地款的问题也解决了，农民也间接地参与了教育投资。

接下来，建房的资金不够怎么办？除了我自筹资金外，肯定还需要银行贷款。记得省政府曾出台过《关于大力促进民办高等教育发展的意见》，这个《意见》对民办教育的支持很大。原来也有一些学校想贷款，但银行认为你没有偿还能力，也没有文件和政策支持，因此拒贷。在贷款过程中，民办学校和公办学校的待遇也是不一样的。其实，银行也是商业运作，银行认为你有偿还能力，就会积极地给你贷款；如果认为你没有偿还能力，就不会贷款给

郑州科技专修学院建校十周年

多专业多层次多学制

满足多方需要成绩卓著

一九九七年夏月 吴阶平

吴阶平题词

你。当时，省政府这个《意见》的出台，让民办学校的贷款就有了保障。

办学过程中，我也得到过不少领导和学者的支持。时任国家教委成人教育司司长董明传了解到我用家人房产抵押办大学的事迹后评价说，民办教育为国家解难，为家长排忧，为青年成才铺路，为教育改革创新。1998年学校十周年校庆时，时任全国人大常委会副委员长吴阶平为学校题词："多专业，多层次，多学制，满足多方需要，成绩卓著。"当时中国书协主席启功先生也曾为学校题写校名。包括九三学社中央副主席王选，河南省副省长陈全国、张涛，省政协主席林英海，省政协副主席郭国三、李润田等领导也先后到学校视察指导。

郑州科技学院走到今天离不开这些领导的支持。有句话不是说，人这一生要做成一件事情需要"高人指点，贵人提携，家人帮忙，小人鞭策"嘛！每个人做事情都需要众人帮忙。在过去的30年里，我得到过太多人的帮助。

第二章

向上的痛

上善若水，水善利万物而不争，

处众人之所恶，故几于道。

——《道德经》第八章

河南民办高校变局

河南高等教育的落后，长期以来一直是河南人心中的"痛"。与周边省份相比，河南高等教育一直处于落后地位。河南考生人数居全国之首，但全省211大学却只有一所。来自河南的全国"两会"代表几乎每年都为河南考生喊不公。

但，民办高等教育却曾经是让河南人为之骄傲的一张名片。河南是全国民办高等教育发展的重要策源地。20世纪90年代中期，出现了"全国民办高校看河南"的现象。1993年，联合国教科文组织到河南考察高等教育自学考试时，发现河南超过10万的自考生绝大部分集中在民办高校。最繁荣的时候，河南全省共有民办高等教育机构118所。中国第一所民办本科高校诞生在河南，全国较早的中外合作办学样本也在河南……黑龙江、山西、陕西等地曾组团来河南民办高校考察学习。然而，进入21世纪以来，河南民办高等教育开始被超越，距离河南最近的陕西民办高校迅猛发展，距离稍远的江西民办高校也顺势崛起。反观河南民办高校却略显暗淡，整体吸引力开始下降，主要表现在生源逐步外流，部分民办高校生源严重不足引起了发展"阵痛"。

据媒体报道，仅2004年，就有近3万名学生舍近求远，赴外省上民办大学。当时，河南发行量最大的都市报《大河报》曾以《河南民办高校能否冲出围城？》为题报道了这一现象。

21世纪初，可谓是民办高校发展的"战国时代"，群雄四起。那个时候，大多数民办大学主要以招收自考生为主。哪里自学考试的政策宽松，哪里就有吸引力。最典型的当属陕西，民办高校的发展可谓高歌猛进。这期间，河南考生大量流向陕西。西安民办高校的发展，一定程度上得益于河南生源的推动。"河南每年有那么多学生去西安等地的民办大学读书，他们收取的学费比我们河南更高，仅此一项，河南每年就流失数亿元的教育费用，如果我们的民办大学能够再上一个台阶，这些学生就不会舍近求远到外省去上学了。"刘文魁说，"再加上河南的民办高校不太注重宣传，知名度不高，像我们学校虽然有了七八千名学生，但在郑州问起我们这所学校，知道的人却不多。"

西安的民办大学发展之快，在两个榜单中体现得最为充分。2002年，中国青年报联合有关单位推出了全国"十大万人民办大学"，其中西安翻译学院、西安外事学院、西京大学、西安欧亚学院、西安思源学院等并列为中国十大万人民办大学，在校生均超过2万人，这个榜单奠定了陕西民办高等教育大省的地位。两年后，在首届中国民办高校综合实力20强评比中，来自陕西的西安翻译学院、西安外事学院、西安欧亚学院、西京大学、西安思源学院等五所院校再次包揽前五名。来自陕西省教育厅的信息表明，2004年全省各级各类民办高校的招生计划达到50万人。截至2004年10月，陕西省共有民办高校55所，在校生21万人，名列全国第一。有人曾半开玩笑地说："现在的西安，最出名的就是兵马俑和民办高校了。"

刘文魁在接受采访时说，陕西是一个只有3000多万人口的省份，河南的人口有9000多万，是陕西人口的近3倍，但是陕西的民办高等教育却超越了河南。河南民办高校的发展与河南这个人口大省、教育资源大省的地位不符，这值得河南深思。

实际上，河南民办高校的发展经历了一个"剩者为王"的过程。河南民办高校经过大浪淘沙，民办高校数量开始从100多所减少到了十几所。"每一所办不下去的学校后面都有一段值得关注的历史。"刘文魁说，"2002年前后，河南真正发展起来的第一代民办高校只剩黄河科技学院和郑州科技学院等为数不多的几所，最突出的是，一批民办医学院校如郑州中山医学专修学院、郑州敏达医专、同济医护学校等先后停办。"

据刘文魁介绍，在20世纪90年代中期，郑州规模比较大的民办高校不少。最早的民办大学是中原大学，后来改名为中原专修学院。从1980年到2010年，中原大学存在了30年，起初这所学校规模很大，但最终却以倒闭收场。这所学校的在校生曾超过7000人。2010年，河南省教育厅对全省民办高校进行年检，郑州中原专修学院的办学资格正式被注销。这些学校之所以被淘汰，除了政策影响外，原因还有很多，比如资金问题、内部管理问题、学校场地问题等，不一而足。

还有一个关键条件，就是每一所民办大学是否能及时结束租房办学的历史，是否能建立自己独立的校区。"也就是说，有了自己独立校园的民办大学基本上都存活下来了，而一直租房办学的学校则越来越被边缘化。"这就是那个年代民办大学发展的"马太效应"，强者越强，弱者越弱。

创业路上不仅有鲜花和掌声，还可能有泪水和失败。尽管没有一位办学人愿意面对失败二字。

"那个时候，只要民办高校的创办者在一起开会，大家首先要看看哪位办学人没来，没来参会往往就意味着这所学校办不下去了。"刘文魁说，"有些办学人很有意思，学校早没学生了，但只要开会还来参加，以此证明自己的学校还活着。"

谁都想扭转困局，扳回败局，但历史总是把机会留给那些有准备的人。

刘文魁始终有一颗准备的心，准备着人生下一场的挑战，他是一位有备而来的探路者。"但是，发展又从来不是预设出来的，还要警惕过度准备现象，不能等到一切条件都具备了再去做，有时候'先开枪，再瞄准'才是王道。"刘文魁说，"不能陷入'越准备会越觉得条件不足，越觉得条件不足越去准备'的怪圈。"

回看这段历史，郑州科技学院之所以在这个过程中能发展起来，最主要的原因就是坚持了以学生为本，对学生负责，同时能够及时征地建设自己独立的校园。

有人说，刘文魁很有远见。在刘文魁自己看来，"谈不上什么远见，只是坚持了自己最初的想法而已，我就是一名大学教师，办教育是我最喜欢做的事情，也是我愿意一生为之付出的事业"。

正是这样的办学初心，让刘文魁在每一个办学的岔路口，总能凭借自己的经验和智识做出后来都被证明是正确的选择。

针对河南民办高等教育的萎缩，业界曾经展开过一番反思。2004年12月，河南省民办教育协会召开研讨会，探讨新形势下全省民办教育发展方向和存在的问题。在这次会上，刘文魁说："西安民办高校发展迅猛，在校生有2万人以上的学校有5所。他们能创造这样的速度，我认为有两点，一是办学者的努力，另外重要的一点就是政策支持力度比较大，比如贷款政策，当地银行给民办学校的贷款一次就可以上亿元，但河南却没有相关的政策。"

河南民办高等教育到底路在何方？与会代表都谈了各自的看法。刘文魁谈了两点建议，他说，民办高校的发展有两个方面需要关注：一是社会上许多人对民办教育存在偏见，其实无论民办学校还是公办学校都是为国家培养人才的，只是投资主体不同而已，媒体需要营造更好的舆论环境；二是政府应加大政策支持的力度，同时我们自己要找出与兄弟省份的差距在哪里。

对民办高校的偏见，是一直存在的现象。民办教育在办学过程中，一直存在着政策差别化对待的"发展之困"，通常对民办学校讲"严禁""不准"多，讲"鼓励""扶持"少，对公办与民办不能一视同仁。

1998年，郑州当地媒体报道民办高校管理混乱，学生"酗酒、殴斗、偷窃、同居，甚至出现了人命案"，一时间，社会上对民办高校的非议很多。这一年第12期的《河南内参》刊发文章，呼吁为民办高校营造一个公正的舆论环境。刘文魁在文章中说："社会各界尤其是新闻界应给民办高校一个公正的舆论环境。把民办高校妖魔化，是有失公允的，省内公办高校有学生自杀、被杀，媒体通常不去报道，而民办高校一旦发生了类似的意外事件，媒体却总是一窝蜂地一哄而上，这一现象值得警惕。"

2012年，教育部颁布了《关于鼓励和引导民间资金进入教育领域促进民办教育健康发展的实施意见》。这个意见被简称为"22条"。时任教育部副部长鲁昕说，"22条"旨在解决教育领域本身对于民办教育的各类歧视性政策。"22条"在民办教育领域堪称一针"强心剂"，增强了办学者的信心。

民办教育一直在夹缝中发展，可谓步履维艰，其中有喜有悲，有苦有乐。但无论怎样，这是一支转型的力量、一支建设的力量、一支向上的力量，没有人能阻挡她慢慢长大。正如《国家中长期教育改革和发展规划纲要（2010-2020)》所述，民办教育是教育事业的重要组成部分，是教育改革的重要力量。河南的民办教育更是如此，当前，河南民办高校不仅在学校数量上，而且在学生数量上均占据了近30%的份额。

转折2001

2001年，是郑州科技学院发展史上的一个转折点。

这一年，郑州科技专修学院正式更名为郑州科技职业学院，拿到了通向高等教育统招序列的入场券。刘文魁激动不已，努力了这么多年，终于拿到了通往未来的一张船票。

起始于20世纪80年代的民办高校大多以非学历性质的高等教育自学考试培训起家，经历学历文凭考试试点，最终走向高职高专、本科或研究生教育。

最初，民办高校大多租用公办技校或培训中心等教学场所办学，有效地利用了国家的教育资源。同时，民办高校从公办高等院校、科研机构和企事业单位聘用了一大批离退休教授、教育工作者和管理人才到校工作，可以说，充分发挥了离退休教师资源的余热，使"资本"与"知本"得到了有机结合。但是，如果民办高校始终停留在租房办学阶段，必然阻碍未来的发展。郑州科技专修学院在关键时期迈出了征地建校的步子，为后来申报高职高专奠定了很好的基础。

"民办大学的发展就像在等公交车，谁都想挤上去，只有挤上去了才有更大的发展机会。而登上这趟车是需要靠办学实力和品质说话的。"刘文魁说。

民办大学发展处于整个生源链的末端，招生非常不易。刘文魁曾经总结过民办高校有三难：一是招生难，二是招聘优秀教师难，三是毕业生就业难。解决招生的问题，一方面要靠宣传，另一方面要靠办学质量，而质量才是最好的宣传。雄厚师资力量的来源一方面要靠更好的待遇，另一方面要靠给教师提供好的服务保障。"外聘的教师并不好管理，我们对每一位外聘教师都建立档案，如教学能力、教学风格、学生是否喜欢等，我们都一一建档。"刘文魁说，"为了提供更好的服务，学校安排专车接送教师往返学校，并为他们提供午餐和午休的休息室。"

学校毕业生的就业尽管很难，但一直是学校高度重视的一项工作。办学10多年来，郑科院的毕业生就业率一直保持在95%以上。社会上曾经一直对民办大学的学生不看好，认为"民办大学的学生不如公办院校学生用功"。如果不消除人们的这种误解，则对民办高校的发展影响很大。《中国青年报》就此问题作过一篇报道，给当时的民办大学学生正名。文章说，杭州大学一位教师曾对民办高校学生需求状况进行调查，结果显示，多数大学生上学的动机是比较积极的，除了获得象征受教育程度、文化水平、专业水准的大学文凭外，同样重视真才实学。

"民办大学的三难问题，在我们这里都很好地得到了解决。"刘文魁说。

时代抛弃你时，连一声"再见"都不会跟你说。"一味抱怨是没有用的。只有用实力向社会说话，才能赢得认可，才能获得继续向前发展的势能。"

1999年，教育部出台了《面向21世纪教育振兴行动计划》，全国各地高校开始大举合并，大幅扩招，特别是以培养高等职业教育人才为目标的"新高职"如雨后春笋般进入公众视野，一大批公办中专学校筹建升格为"新高职"学校，一场提升高等教育入学率、提高公民素质的高等教育改革席卷全国。与此同时，教育部把审批高等专科学校的权力下放给各省、直辖市人民政府，给各地大力发展高等教育创造了条件。

时不我待。作为创办人，刘文魁和学校领导深知高校扩招将给民办高校带来一定的影响，高校扩招致使高考录取率大幅提升，落榜率降低，学历文凭考试和自学考试将受到严重冲击，生源必将迅速减少，学校如果不纳入专科学校行列终究要被淘汰。于是，他下定决心一定要借着这机会赶上学历教育这班车。

从1999年开始，学校先后向郑州市人民政府和河南省教育厅进行了申报工作。郑州市人民政府和河南省教育厅均派出了专家组到学校进行考察评估。但是，当时由于土地等问题，学校申报工作直到2001年才有结果。2001年4月，河南省人民政府批准在郑州科技专修学院基础上建立郑州科技职业学院。自此，学校踏入普通高校行列。

2001年6月5日，郑州科技职业学院揭牌仪式举行。九三学社中央教育文化委员会发来了贺信，时任河南省人大常委会副主任袁祖亮和副省长张涛为学校揭牌。9月1日，首批194名统招大专生到校报到，由此拉开了学院学历教育发展的新篇章。

郑州科技职业学院揭牌仪式

学校跻身普通高校行列，实施大专学历教育后，开始从以扩大办学规模为主要特征的粗放式发展，转向提升学校教学品质和扩大影响力。

2002年《民办教育促进法》的颁布实施，是我国民办教育发展史上的又一座里程碑，标志着我国的民办高等教育成为"高等教育事业的重要组成部分"。郑州科技学院抓住机遇，取得了健康快速发展。

对于学校后续的发展而言，资金问题一直是困扰刘文魁最大的问题。

2002年10月，河南省人民政府办公厅转发了省教育厅、省计委（发展改革委前身）等9个部门《关于大力发展民办高等教育意见（试行）》，加大对民办高等教育的扶持力度，同时进一步规范民办高校办学行为。该意见提倡高等教育办学投资主体多元化、办学模式多样化。按规定，经过批准，民办学校也可与公办学校联合办学。符合教育部规定条件的公办高校，可利用社会资源或与有条件的民办高校合作，举办民办二级学院。公办高校的民办二级学院应有独立的法人、独立的校园，实行独立的财务和人事、教学管理。今后，河南省将允许民办高校通过贷款方式获得发展资金，金融部门应根据信贷政策，对符合条件的民办高校要与公办高校一视同仁，给予贷款支持。2004年，刘文魁通过多方努力，终于争取到银行的3000万元贷款。这笔资金对郑州科技学院的发展起到了关键的作用。

纳入统招后，下一步怎么发展？

刘文魁的想法是，继续努力争取升本。这一想法在领导班子中引起了讨论。有人主张，办好专科才是根本，一味追求本科可能使学校陷入新的困局。"本科需要注重学术研究成果，咱们民办学校很难在这方面有所突破。"这些人说的都有道理。但是回到家里，刘文魁和夫人可淑文继续探讨。"我总是想，凡事都要向前看、向上走。停止不前就是退步。"夫人的话给了刘文魁更大的决心。很多时候，夫人可淑文给了他更大的精神支持。"申报本科必须提上日程，提前做好准备。只要把专科办好了，办出教育品质，社会认可了，升本就不是问题。"刘文魁很清楚，民办高校只有走自己的路，在公办高校不愿做的空白地带开辟发展空间才有出路。

于是，郑州科技职业学院开始了长达6年的升本准备之路。

以爱育爱

在外语系教师韩彩虹心中，董事长刘文魁不只是自己的领导，更像是一位"父亲"。她曾在一篇文章中写道：这个世界上，能够天长地久的不是灿烂的烟花，而是细微的感动和不期而至的温暖。刘文魁先生便是这样一位谦逊、细微、温暖且明朗的"仁师"。

已经是副教授的韩彩虹，是郑州科技学院的留校生，后考取辽宁师范大学研究生，毕业后再次回到母校任教，曾被评为河南省教育系统优秀教师。

2000年6月，韩彩虹在郑科院毕业后留校。正式留校前，刘文魁曾与她有过一次谈话。那天，走进董事长的办公室，韩彩虹一坐下，刘文魁就问："听说你在班级管理方面有不少好办法，你说说看，我想向你学习一下！"

"管理一个班级如同组建一个家庭，责任心和担当意识很重要，辅导员这份工作除了认真还需要细心。"韩彩虹的回答令刘文魁很满意。

留校工作后，韩彩虹一直勤勤恳恳工作，工作之余没有放松对自己的要求，一直努力为考研做准备。2006年5月19日，这是韩彩虹一生难忘的日子。这一天，她收到了来自辽宁师范大学教育学硕士的录取通知书。这在很多人看来是莫大的喜讯，但韩彩虹却喜忧参半，喜的是自己的研究生梦想终于实现了，忧的是三年的学费近2万元，自己的家庭根本无法支付。孩子不到两岁，老人身体不好，又刚做完了一次大手术，整个家庭正常的生活开支已是问题，就不要再说拿出多余的钱交学费了。

录取通知书在韩彩虹的手中握了两个月后，皱皱巴巴的。在几番内心挣扎后，她敲响了董事长办公室的门。一向不善言谈的韩彩虹把那张皱皱巴巴的录取通知书拿出来，轻轻地放在了刘文魁的办公桌上，一时语塞。

刘文魁首先打破了沉默，看到了通知书赞赏地说："祝贺你，彩虹！看来这几年进步很大嘛！有这样的机会就应该继续深造。"韩彩虹的家庭负担较重，刘文魁早有耳闻，接着问："是不是为学费犯愁啊？我支持你学费，一定要继续努力，为学校争光哦！"

"记得那一刻，我的眼睛已经模糊，因为那份沉甸甸的信任，更是他那份细微的体贴感动了我。"韩彩虹后来在一篇文章中写道，"我在心里默默对自己说：'这位老人是你一辈子要感恩的人，要永远铭记于心。'"随后，在刘文魁的支持下，韩彩虹圆了研究生梦。韩彩虹说，记得每次假期回到学校，董事长总是如和蔼可亲的父亲一样嘘寒问暖："你在大连上学，孩子那么小，最牵挂的一定是孩子吧！""怎么样，生活费有困难吗？"等等，看似生活中的一些细微琐事，却诠释着一份温暖的关怀。

屋漏偏逢连夜雨，2012年12月28日上午9点钟，韩彩虹的爱人宋杰（也在学校工作）因脑出血晕倒在办公室，经诊断为小脑中部突出动脉瘤，一直昏迷不醒，在抢救室里整整四天。这个变故让韩彩虹慌乱不已，那种无助感又一次袭来。身边的同事说："彩虹的白头发一下子长出来很多。"

手术需要巨额费用，韩彩虹又一次陷入了困境。刘文魁得知情况后，拍拍韩彩虹的肩膀说："一定要坚强！钱的问题不要担心，学校来出，一定要用最好的药！"随后，学校还发动了好多老师来陪护；在听说医院里缺少A型血无法按时做手术的情况下，学校的老师们还自愿组织了一支好长的献血队伍。"那一幕幕温暖人心的画面历历在目，时时刻刻敲打着我的心灵，我深深地知道那就是他老人家组织的一个温暖的'家'。"韩彩虹说，"这样的关怀和帮助让我心甘情愿为学校全力以赴。"

像韩彩虹这样受到学校资助的学生还有很多。

1996级汽修班学生江庆宗不慎摔伤，导致脾脏破裂，几个同学迅速将他送往医院抢救。因为做手术需要亲属签字，而江庆宗父母又远在千里之外，学校赵素申主任便主动代亲属签字。与此同时，学校和师生纷纷为其慷慨解囊。5天后，江庆宗的父母从广西赶到郑州，万分感激。

看到残疾学生梁东沟走路不便还要坚持求学，刘文魁自己出钱为其买了一辆三轮代步车。同学们说："我们的院长真的是爱生如子。"曾经担任学生处处长的白金明说："像这样学生因病住院、交不起住院费，董事长拿钱给学生治病的，从1994年到2001年我担任学生处处长期间，亲自经历的就有50多人。"

在刘文魁艰辛的办学历程中，舍小家为大家，急人之难，用宽广的胸襟默默践行着担当和内心深处的爱。

1996年，刘文魁为从老区确山县招来4名贫困学生减免学费，并为他们家乡小学捐助了一批新桌椅；

1997年，一位学生生病，他送去2000元钱；

1998年，学校开设了电脑、营销等短期培训班，为郑州数百名下岗职工免费培训；

1999年，一些外地学生在郑州某民办高校一次性交了三年学费后，对方携款潜逃，刘文魁免费接受了40名受骗学生；

2001年，支持西部大开发，他免费接受西部10名贫困大学生。

……

都说大爱无形，刘文魁在办学中无处不渗透着这种大爱，他不仅是一位不服输的教育创业家，更是一位爱心使者。

童年时期好心的校长让刘文魁实现读书梦的事，一直深深地影响着他。刘文魁创办学校后延续了这种大爱。他永远不会忘记，自己要为贫困生和落榜生办一所大学的初心。

有温度的党建

有困难找党组织，有诉求通过微信等新媒体平台可以无障碍沟通，"能办的马上办，暂时办不了的耐心做好解释"。在郑州科技学院，每个宿舍楼都设有党员工作站，学生外出实习建立临时党支部，党员学生不再"流浪"。新媒体时代，党建围着学生转，党组织做好教师的后盾，细心、耐心、精心做好党建工作……郑州科技学院有温度的党建，让师生感受到了"家"的温暖。

郑州科技学院党委成立于2003年9月，是河南省第一所党组织关系直接隶属省委高校工委的民办本科高校，也是河南省首批由省委组织部选派党委书记的民办本科高校之一。

8年前，河南省委组织部、省委高校工委开始向4所民办本科高校派遣党委书记。时任河南省教育厅学位与研究生处处长岳修峰被派驻郑州科技学院担任党委书记。

与公办高校"党委领导下的校长负责制"不同，民办高校因为投资主体不同，普遍实行董事会决策、校行政执行的管理运行机制。谈起刚被派驻时的往事，时任党委书记岳修峰颇有点"水土不服"。

在一次党内民主生活会上，岳修峰提出，要广泛听取广大师生的意见建议，以便全面梳理和破解学校发展中存在的难题。这在公办学校本是常规。

没想到，在这里却遇到一场"争论"。会上，有人担心，广泛征求意见，会不会把人心搞乱？还有人更尖锐地说，岳修峰作为党委书记，是来帮忙，还是来添乱的？

"召开民主生活会是我们党的优良传统，是统一思想、凝聚共识、改进工作的重要法宝。起初，学校内部有些人对这一点认识并不到位。"岳修峰说，对派驻党委书记、开展党建工作，说什么的都有。

有观点认为，处于发展初级阶段的民办高校各种工作千头万绪，等学校发展到一定阶段后，再抓党建也不迟；有观点认为，向民办高校派党委书记，就是为了解决人员的待遇问题，并不求党委书记有什么作为；还有观点认为，党委书记就是在向董事会分权，长此下去，难免大权旁落；更有甚者直言，党建工作是务虚的，民办高校属私人办学，贵在务实，搞党建难免会加重学校负担，影响正常教学秩序。

"如果不扭转思想认识上的误区，必然导致党建工作上的被动，反过来还会制约学校的长远发展。"岳修峰认识到，在民办高校，如何定位党委职责，党委如何捋顺与董事会的关系，决定着能否扭转认识上的误区和党建工作的能否有效开展。

经过充分调研，岳修峰认为，党建工作要抓住"同力办好学校"的共同目标，以服务赢得尊重。在这一点上，党委书记岳修峰与董事长刘文魁很快达成了共识。

于是，学校开始积极探索党委与董事会、校行政"双向进入、交叉任职"机制。学校党委委员与董事会、校行政交叉任职，党委书记任董事会成员，符合条件的董事会成员分别兼任学校党委副书记、党委委员，在合作共事中增进了解，共谋发展良策。目前，郑州科技学院形成的格局是：校党委两名书记进入董事会，三位党委委员进入校行政班子，并建立党委与董事会重大事项协商沟通制度；形成党委与校行政党政联席会议制度，校党委积极参与学校重大事项、重大问题的决策和依法治校、规范管理的监督，确保学校的社会主义办学方向和公益性原则，确保党的领导与董事会决策、行政执行的一致性。

校党委还积极与董事会、校行政协商，在民办高校经费普遍紧张的情况下，学校每年拨付党建经费不少于10万元，积极开展党员活动。在此基础上，逐步落实各院系专兼职党务工作人员的补助以及党员活动阵地建设，党建工作活动经费纳入校、院两级经费预算，做好党组织建设的基本保障工作。

体制捋顺后，学校开始着手建立各级党组织。学校先后建立党总支14个，直属党支部16个，总支下设的教工支部和学生支部60多个。同时，还立足实际，在学生公寓建立"横向"党员工作站，在外出实习人员中建立"纵向"临时党支部，实现了党组织全覆盖。

建立健全了各级党组织后，就是以活动促党建，以党建促发展。校党委牢固树立服务意识，把维护师生的切身利益作为党建工作的出发点和落脚点。从改进和加强思想政治工作凝聚师生力量到协调解决外部问题树立学校良好形象，从加大年轻教师培养的支持力度到提升教职工工资待遇，从增加实验室建设的投入到做好大学生实习实训安排及推进校企合作等，着力解决办学过程中和广大师生学习工作生活中面临的实际问题。同时，按照要求，对效率不高、落实不到位以及侵害师生利益的行为进行专项整治。各职能部门立足本职岗位，分别在大学生征兵工作中开展"一站式"服务，在日常服务老教师过程中开展"三个一"等活动，切实为广大师生提供优质服务、贴心服务、满意服务。团结一切可以团结的力量，提高党组织的向心力、凝聚力。

其间，教职工提出了包括影响学校事业发展、关系师生个人利益的意见建议100多条。校党委、董事会和校行政部门梳理后，本着"能办的马上办，暂时办不了的耐心做好解释"的原则，推动解决了最突出的工资待遇、班车空调、办公条件等问题。此后，校党委又积极推动增加实验室建设投入，推进政、校、企、行合作，开展教职工免费保健体检、资助家庭困难学生等活动，赢得了师生的普遍好评。

校党委还通过向董事会建议，开辟教工食堂，建设教工公寓，发放餐补、油补，增加教师班车线路，积极为教师谋福利、办实事，教职工归属感普遍增强。土木学院教师陈继峰家境困难，孩子罹患白血病，校党委发动全院师生爱心捐款10万元。一位老教师说，过去没有党组织，感觉自己像在"打游击"，党委开展工作后，自己才更像"正规军"。

伴随着新媒体的发展，学校开始充分利用新媒体平台抓党建工作。点开学院的官方微信，"校园微电台"栏目正介绍学院"两学一做"的开展情况，阅读量一直很高。"新媒体时代，党建工作必须跟着学生的节拍走。"校党委副书记秦小刚说。

校党委通过搭建校园网、QQ群、微博、微信等网络载体，开通了党建微平台、党建专栏，通过一系列新媒体平台，及时为学生党员、入党积极分子播报党建新闻，定期收发党课教育信息，公开党建党务，宣传时事政治，开展组织生活。学校党委宣传部副部长马家生平常和学生接触较多，他认为："微博、微信的转发、跟帖、搜索等功能，更有助于党员之间交流学习心得，比定期的书面思想汇报更能反映党员的真实思想动态。"

党建围着学生转，是郑州科技学院党建工作的一大特色。为进一步提高党员教育质量和效果，校党委根据学校师生党员的实际，适时启动实施了"春雨计划"。通过影视教育、理论研讨和实践锻炼的有机统一，将社会主义核心价值观融入党员教育具体实践中，潜移默化地影响广大师生党员的灵魂和精神。

经过几年的努力，学校的党建工作效果开始发力。目前，校党委参与学院的重大改革决策、重要人事任免已形成惯例。时任副院长程金城见证了学院最初的窘况：无固定校舍、无固定教师、无固定资产设备，全靠租赁。他介绍说，发展到现在，学院不仅有稳定的专职教师队伍，占地面积也由100多亩发展到1500亩，固定资产由1000万发展到近20亿元，增长近10倍。学生规模由最初的不足2000人，发展到2.6万人。"从2010年派驻党委书记以来，学院发展一年一个台阶。"程金城深有感触。

师生中也涌现出了一批先进个人和志愿服务团队典型：房国新等志愿者15年来爱心接力，照顾高位截瘫病人；大学生姚在昌勇救落水儿童被媒体广泛报道……

"党建效果最直观地体现在党的号召力上。虽然每年只有400个名额，但申请入党的师生却有1000多人。"学校党委副书记秦小刚表示。在他看来，开展党建活动最大的变化是凝聚了人心，形成了合力。校党委和董事会研究确定了办学定位，即建设一流应用型本科院校。"不仅教学生理论知识，更教学生专业技能。通过深入开展社会实践，学生更加务实，与人交流、合作的意识增强，很受企业欢迎。"让秦小刚欣慰的是，学校已连续多年承办全省民办高校双选会，每次进场招聘企业不下600家，学生就业率连续三年在95%以上，超过河南高校平均就业率。

近年来，学校党建工作的做法得到了上级主管部门和社会的广泛认可，人民日报、人民网、《非公有制企业党建》杂志等媒体对学校的党建工作进行了报道。

2013年，教育部刊发一期题为"郑州科技学院将'三爱'教育融入学生党员教育管理服务全过程"的《简报》供全国高校借鉴。

2014年12月29日，在中央组织部、中央宣传部和教育部党组联合召开的第23次全国高等学校党的建设工作会议上，岳修峰作为全国民办高校唯一代表在大会上作了经验交流发言。这一年，学校的"春雨计划"育人工程获第三届全国民办高校党的建设和思想政治教育工作优秀成果"特等奖"。"春雨计划""影视教育工程"还被评为河南省高等学校思想政治工作优秀品牌。

2015年，"春雨计划"获河南省第八届高校校园文化建设优秀成果二等奖。

2016年，学校党委被中共河南省委授予"河南省先进基层党组织"、河南省高等学校"五好"基层党组织称号。

2017年，广州40所民办高校的党委书记组团来学校考察，郑州科技学院的党建工作作为河南省民办高校党建的品牌，在全国叫响。

…………

"民办高校的党建工作就是要求真务实，党组织要发挥政治核心作用，它决定着'要培养什么人'和'培养什么人'的问题，因此要在政治上把关、在思想上引领、在教学上促进、在管理上监督，不断提升党组织在民办学校中的影响力。"学校现任党委书记刘新华说。

有一种教育叫"春雨计划"

"青春是炽热而充满力量的，一段真正无悔的青春应该是肆意地开拓自己，活出自己的风采。"看过电影《听风者》，学生熊明星写下了自己的观后感。这是学校"春雨计划"党员教育活动中收到的第3587篇影评。

针对民办高校普遍存在的思想政治教育工作难做、效果不理想等问题，学校党委创新党员教育形式，拓展党员教育载体，推出了大学生党员教育"春雨计划"，旨在将党员教育工作做到广大党员的心坎上，增强广大党员对党的认同感和归属感，提升基层党组织的凝聚力和向心力。

刘文魁说，将这一党员教育形式取名为"春雨计划"，是取"春风化雨润物无声，知行合一立德树人"之意，就是要让党员教育工作像"春雨"一样，滋润广大党员的心扉，助推广大党员的成长。

"春雨计划"由影视教育工程、理论教育工程和实践育人工程三部分组成。

影视教育工程。通过开展观影教育，增强党员对党的信任和认同感。由于传统的党员教育活动存在教育形式单一、内容单调、党员参与的主动性和积极性不高等问题，影响了党员教育活动的针对性和实效性。学校党委在坚持开展集中学习、举办教育辅导讲座等传统教育活动的基础上，从大家易于接受的观看电影、电视作品（资料）入手，逐步吸引、扩大、稳定参加学习人员队伍。在实施过程中，重点把握了"选题、宣传、组织"三个环节。

第一，做好选题工作。学校党委结合保持共产党员先进性、学习实践科学发展观、创先争优、改进工作作风、反腐倡廉等主题教育内容，精心挑选展映四类题材的优秀影视作品：一是直观展现以党领导全国各族人民进行革命、建设、改革为主题的影视片（纪录片），如《芳草青青忆英灵》《"两弹一星"功勋科学家》《人民大会堂》《高考1977》等；二是以反映坚定共产主义信仰和奉献精神为主题的影片，如《钱学森》《杨善洲》《秋瑾》《十月围城》等；三是以反映诚信教育为主题的影片，如《信义兄弟》《云上学堂》等；四是以时事政策和特殊纪念日教育为主题的影片，如《甲午大海战》《可可西里》《离开雷锋的日子》等。

第二，做好宣传工作。适当进行观影教育活动的宣传动员，营造良好的观影氛围。提前通过校园网、海报宣传栏发布展影时间、地点和内容等信息；注意收集对展映安排的意见和建议；及时报道观影现场情况，对提交的观后感和影评择优刊登或播发等，以调动广大党员参与的积极性和主动性。

第三，做好组织工作。采取灵活的组织形式，变强制参加为自主参与。除入党积极分子集中培训期间特殊安排外，一般利用每周三下午安排放映；不同题材影视资料按顺序循环播放；观影教育不占用个人休息时间等，为大家提供了比较宽松的教育环境。

观影教育活动开展以来，在校内形成了一块有效的党员教育阵地。从开始只有十几个人参加，逐渐发展到现在每次有几十人、几百人参加；演播场地从开始时使用小教室演播，发展到现在使用大会议室演播；党员思想反映从起初的"不屑一顾"到目前的"心领神会"和对优秀影视演播活动普遍地理解、支持、参与。演播活动的持续开展，端正了党员的思想，净化了党员的心灵，促进了党员的成长和发展，也助推了学校党建工作的有效开展。

按照"春雨计划"要求，大学生在观影后及时开展研讨，使影视教育从单纯的"看"扩展至富有深度的"思"。撰写影评和理论文章，将所思所感转化为文字，既培养了写作能力，提高了思想理论水平，又加强了党性修养。学校先后组织学生写作影评3587篇，出版了10多本影评集。

加强理论学习，引领党员理性思考。学校党委把上级党组织关于加强哲学社会科学研究的要求融入党员教育活动中，通过举办研讨会、开展理论文章评比等方式，激励基层党组织和广大党员把理论学习与指导实际工作结合起来，把发现问题与解决问题结合起来，启发广大党员主动思考、积极思考、全面思考，加强理论修养，增强服务意识，提高工作水平。

学校党委每学期都将理论研讨活动列入政治学习计划之中，鼓励教师在做好教育教学工作的同时，主动参与政治学习和理论研讨，自觉学习贯彻落实党的各项路线方针政策，增强理论修养，营造博学多思的良好校园文化氛围。活动中，学校党委注意正确引导广大师生关注党和国家方针政策，主动思考、反思社会现实，发现工作中的问题并提出可行性的意见和建议，为学

院发展、行业发展和社会发展出谋献策。广大师生积极踊跃参与，五次活动共收到各类文章万余篇，经组织评选，整理编印了《创先争优理论文章汇编》《心灵之舟　扬帆起航》《潮起海天阔　扬帆正当时》等五册优秀文章选集，在全院进行交流。时任学院党委书记岳修峰，是理论研讨的组织者和推动者，更是活动的忠实践行者。两年来，他主持完成了教育部马列专项研究课题一项、省教育厅课题两项，参与完成中组部调研课题一项，主持在研教育部课题一项，参与在研省哲学社会科学规划项目一项。

注重社会实践，提高党员教育工作的实际效果。在保证基本教学实习、社会实践的基础上，有序组织党员到校园外搞活动，让党员参加劳动、经受锻炼，在义务劳动的过程中，进一步树立为人民服务的宗旨意识。学校开展了"保护母亲河，建设美丽中国，为实现中国梦做贡献"党课教育实践活动，"把党课教学课堂搬到黄河岸边，将宗旨意识培训融入义务劳动"，组织200多名师生到郑州市花园口黄河滩区进行义务植树，一天种下近6万株树苗；同时，义务宣传环境保护知识、义务捡拾游人丢弃的各种垃圾，传递"保护环境从我做起""我不破坏生态环境就是保护生态环境"的环保理念，半天时间捡拾各种垃圾100多袋。在校园内，把老师爱教、学生尚学、师生和谐、文明礼仪、安全稳定、卫生创建等工作统一纳入"美丽校园行动"，开展"共建美丽校园——入党积极分子在行动"活动。该活动从倡导勤俭节约、反对铺张浪费，到讲树文明新风、自觉规范言行，党员之间实行传、帮、带、赶、比、超。每次活动还组织500人左右的师生入党积极分子全员参与，凝练和打造具有郑州科技学院特色的教风、学风、校风。通过这些活动，广大党员不仅增强了责任意识和奉献精神，而且自觉地将这种责任意识内化于心、外化于行，当作自己行动的指南。

"春雨计划"的实施，使党员教育工作更加贴近学校工作实际，也更加贴近师生思想实际，切实提高了学校党建工作的科学化水平。学校出版的《春雨创新案例与德育实践探索》一书被纳入教育部高校德育成果文库；"春雨计划"也成为河南省高校思政工作优秀品牌，并获得了"全国民办高校党的建设和思想政治工作优秀成果特等奖"。

在"春雨计划"润物无声的洗礼中，学校大学生中涌现出了一批优秀的个人和团体。有不顾个人安危冲入火场救出两名儿童的救火少年张晓瞳，有爱心接力帮助残疾学生顺利完成学业的信息工程学院计算机科学技术专业的师生党员小分队，有利用自己作品进行爱心义卖捐资孤儿院的艺术学院党员突击队，有暑期远赴贫困山区开展"爱在山区"志愿服务的财经学院党员团队……

"思想政治工作有没有效果，关键看工作是不是做到了学生心坎上。"学校党委书记刘新华说。

大学生的荣辱观

2004年11月1日下午，南京大学逸夫馆楼左前方的公告栏上不知何时贴上了两张A4纸，那是一封署名为"一位辛酸的父亲"给大学儿子的信。这封信的内容引发了大学师生的热烈讨论。信的内容如下——

亲爱的儿子：

尽管你伤透了我的心，但你终究是我的儿子。虽然，自从你考上大学，成为我们家几代里出的唯一一个大学生之后，我心里已分不清咱俩谁是谁的儿子了。从扛着行李陪你去大学报到，到挂蚊帐缝被子买饭菜票甚至教你挤牙膏，这一切，在你看来是天经地义的，你甚至感觉你这个不争气的老爸给你这位争气的大学生儿子服务，是一件令你特沾光特荣耀的事。

的确，你考上大学，你爸妈确实为你骄傲。虽然现今的大学生也不一定能找到工作，但这毕竟是你爸妈几十年的梦想。我们那阵儿，上大学不是凭本事上的，要看手上的茧巴和出身成分，有些人还要用贞操和人格去换。这也就是我们以你为荣的原因。然而，你的骄傲却是不可理喻的。在你读大学的第一学期，我们收到过你的三封信，字数加起来比一份电报长不了多少，言简意赅，主题鲜明，通篇字迹潦草，只一个"钱"字特别工整而且清晰。

你说你学习很忙，没时间写信，但同院里你高中时代的女同学，却能收到你洋洋洒洒几十页的信，而且每周一封。每次从收发室门口过，我和你妈看着你熟悉的字迹，却不能认领。那种痛苦是咋样的，你知道吗？

后来，随着你读二年级，这种痛苦煎熬逐渐少了，据你那位高中同学说，是因为你谈恋爱了。其实，她不说我们也知道，从你一封接一封的催款信上我们能感受到，言辞之急迫，语调之恳切，让人感觉你今后毕业大可以去当个优秀的讨债人。

当时，正值你妈下岗，而你爸微薄的工资，显然不够你出入卡拉OK酒吧餐厅。在这种状况下，你不仅没有半句安慰，居然破天荒来了一封长信，大谈别人的老爸老妈如何大方。你给我和你妈心上戳了重重一刀，还撒了一把盐。最令我伤心的是，今年暑假，你居然偷改入学收费通知，虚报学费。这之前，我在报纸上已看到过这种事情。没想到你也同时看到了这则新闻，一时间相见恨晚，及时娴熟地运用这一招，来对付生你养你爱你疼你的父亲母亲。虽然，得知真相后我并没发作，但从开学到今天，两个月里，我一想到这事就痛苦，就失眠。这已经成了我的心病，病根就是你——我亲手抚养大却又倍感陌生的大学生儿子。不知在大学里，你除了增加文化知识和社交阅历之外，还能否长一丁点儿善良的心？

一位辛酸的父亲

这封信被《现代快报》报道，新华社随后转发了这篇报道。报道说，有人指出，这封信可能是虚构的，不可能有这么多巧合的事情发生在一个人身上，但这个说法引起了其他同学的反驳：即使是虚构也源于现实。这封信充分说明大学生攀比之风司空见惯。

看到这封信后，郑州科技学院学生处、团委将这封信手抄一遍张贴在阅报栏，引起了学生的围观。紧接着，在各院系引发了一场思想大讨论，不少学生纷纷写下了自己的读后心得。旅游管理专业学生孙欢欢看了这封信后，一口气给父亲写了长达五页的信。财经系学生将读后的感言编辑成了一本名为"为了不朽的爱"的册子。随后，学校将这本书定为大学生思想政治教育读本。

"没想到这封信能引起这么大反响，充分说明这封信涉及的情形具有一定的代表性，也说明了加强大学生思想工作的必要性。"刘文魁说。

时隔两年，2006年3月4日，胡锦涛同志发表了关于树立社会主义荣辱观的重要讲话。他指出，青少年要树立社会主义荣辱观，坚持以热爱祖国为荣、以危害祖国为耻，以服务人民为荣、以背离人民为耻，以崇尚科学为荣、以愚昧无知为耻，以辛勤劳动为荣、以好逸恶劳为耻，以团结互助为荣、以损人利己为耻，以诚实守信为荣、以见利忘义为耻，以遵纪守法为荣、以违法乱纪为耻，以艰苦奋斗为荣、以骄奢淫逸为耻。

"八荣八耻"提出了新时期的荣辱观，是新时期的主流价值观和道德建设的标杆。4月3日，郑州科技学院工商管理系率先将以"八荣八耻"为主要内容的社会主义荣辱观作为一门独立的德育课程进行试验。随后，在教材编审委员会专家组的指导下，学院迅速组织德育组的教师编写讲义，设置了20个课时，并下发文件将其列为"必修课"，课程结束要进行理论和实践环节的考试，不合格者不准毕业。刘文魁认为，"八荣八耻"是以爱国主义为核心的民族精神和以改革创新为核心的时代精神的鲜明表达，为公民道德建设树起了新的标杆，内容言简意赅地切中了当前国人的心声，所以才引起了大家的共鸣。《河南日报》《郑州晚报》先后报道了郑州科技学院的做法。报道认为，郑州科技学院成为全国首个将"八荣八耻"列为必修课的高校。

2015年，《中国教育报》《中国青年报》《郑州晚报》等媒体先后报道了郑州科技学院师生15年接力照顾高位截瘫村民李中民的事迹。

自己高位截瘫，妻子离家出走，女儿年幼无靠……郑州市马寨镇杨寨村47岁李中民历经了诸多苦难。面对这样一个不幸的家庭，郑州科技学院的房国新和他的同学们，把李中民当作亲人照料。毕业留校当了老师后，房国新又把接力棒传给了他的学生，师生们15年如一日，上演了一段感人的爱心接力。

2001年，房国新还是一名大二学生，恰逢学校开展"文明礼貌月"活动，也就是那个时候，他得知高位截瘫的李中民陷入困境。由于长期无人清理，李家门口长满荒草，垃圾堆满院子。房国新和同学们帮忙割草、扫地、清垃圾，将李家收拾得干干净净。人多热闹，李中民高兴，但也犯嘀咕："这些学生会不会做个样子？"没想到，学生们说到做到，一届接着一届，每周来服务一次，为他翻身、换被褥、聊天，整整坚持了15年。"我们每周至少去一次，还经常给他们父女俩买点水果和点心。"房国新说，"为缓解他的家庭经济困难状况，志愿者到每个班去演讲，号召大家献爱心。"如今，为了长期对李中民家进行帮扶，原来一个系的活动已经上升为全校的活动，组织了一届又一届学生进行爱心接力。

一直令刘文魁比较忧心的是，当前一些大学生思想上出现的问题。一些大学生对个人利益想得多，而对国家的前途、民族的命运和人民的利益却想得少，甚至根本没有考虑；有个别学生好逸恶劳、损人利己、见利忘义；害怕吃苦、不愿艰苦奋斗的错误观念，在大学生中也不同程度地存在。这些学生忘记了自己肩负的历史重任，对政治活动不感兴趣，对专业学习和能力培养提不起精神，在学校里白白消磨时光，有的连自己的学业都无法完成。所以，大学生要树立起什么样的荣辱观，学校应借助不同的活动载体加以引导。

"当代大学生思想活跃，善于接受新鲜事物，但是政治理论基础却相对薄弱。思想政治教育必须做到教学模式新、教学方法活、时代色彩浓，才能吸引学生的注意力，学生才能真正做到入耳、入脑、入心。"刘文魁说。

学校通过感恩父母、师生研讨、志愿服务、课外实践等多种形式，使大学生的荣辱观教育真正落到了实处。

学校马克思主义学院将中国传统文化的感恩教育融入课程中，安排学生利用寒假课外实践，通过为父母洗脚、洗头，帮父母干家务，跟父母说说心里话等形式感恩父母，感悟家庭真情，挖掘学习原动力，并通过一场晚会的形式展现了教育的成果，其中演出现场一段16分钟的微电影感染了所有参与的同学。

2017年4月，一场以"感恩父母，点亮真情"为主题的晚会在学校音乐厅举行，参加晚会的学生通过朗诵、歌曲、小品、影展等形式来表达对父母的感恩之情，动情之处不少同学流下了泪水。

本着"立德树人"的教育思想，学校在大学生荣辱观教育基础上实施"启航"综合素质教育工程。围绕应用型人才培养目标，结合学生实际，"启航"综合素质教育工程包含"两转变、三强化、四阶段、五引导、六能力、二十专题"等内容，实现了从入学到毕业的全程教育。"两转变"即高中生到大学生的转变，大学生到职场人的转变，"三强化"即强化成人意识、成才意识、成功意识，"四阶段"即角色认同、思考定向、践行砥砺、职场升华，"五引导"即读、观、演、创、做，"二十专题"即职业生涯规划、爱校爱家、感恩父母等二十个专题。

"启航"综合素质教育贯穿人才培养全过程，环节紧扣、不留盲区死角，使学生在大学期间每一阶段都受到教育与历练，不仅提升了学生的综合素质，也在全校形成了全员、全方位、全过程的育人格局。学校毕业生受到全国多家用人单位的一致青睐。

警惕民办高校的"大规模病"

过去30多年的发展历程中，中国民办大学主流发展思路就是规模、规模、规模。创业初期，民办大学主要依靠"以学养学"的滚动发展模式，没有生源就没有规模，没有规模就没有资金积累，所以，生源就是命脉，生源就代表着实力和未来。

而规模的发展主要得益于人口红利，人口红利让民办大学的规模扩张成为可能。西安欧亚学院董事长胡建波在谈到学校最初的发展时，也说要"感恩那个年代的机遇"。但是，谁都知道，规模并不能产生真正的核心竞争力。

2002年4月，中国青年报联合相关单位开展了一次"中国十大万人民办大学"评选活动。这次活动引起了业界的广泛关注，也向全社会展示了民办高等教育事业的发展成果。这是一次以规模来表达实力的标志性事件。如果放在今天，再来开展这样的评选活动就会沦为一种笑谈了，因为规模大并不代表学校强。

这一年，民办高等教育领域曾经有过一次"规模与质量"之争。争论的核心是，规模和质量如何协调发展。有人认为，民办高校必须规模先行；有人认为，内涵发展、质量建设才是民办高校发展的核心。这可能是第一次关于民办大学发展战略认识的分野。最终大家形成的共识是，规模也是质量的一种表达形式，规模与质量有相互矛盾的一面，也有相互促进的一面。

就在2001年，有关部门发布的一份总数为1134家的全国民办教育机构名单的跟踪调查表明，已有超过半数的学校停办或无法查询，有超过10%的学校被其他机构兼并，基本正常运行的学校居然不足总数的40%。这似乎就是民办大学发展的AB面，A面是一批民办大学规模不断扩张、迅速崛起，B面是一大批民办大学生源萎缩，甚至停办。所以，拥有规模对于大多数民办大学来说，具有非常实际的现实意义。

关于规模与质量的争论，在郑州科技学院领导层内部也曾发生过几次。早在2001年郑州科技学院被纳入统招序列，实施高等职业教育的时候，刘文魁就开始深入思考"规模与质量"的两难问题了。

对于缺少资金注入的郑州科技学院来说，这是一个艰难的决定。尽管所有的人都明白，学校必须由过去的注重规模效应转变为注重育人质量的提高，注重内涵发展。但刘文魁思考的是，如何在规模和质量的矛盾中找到统一的一面。

2005年，学校停止了自学考试的招生计划。此前，2004年教育部取消了高等教育学历文凭考试试点制度。刘文魁非常清楚，在高等教育尚不普及的年代，自学考试是学生获取高等教育学历的有效手段，但随着公办大学逐年扩招，高考录取率不断提高，上大学已经变得越来越容易。自学考试逐渐失去了过去的优势，这条路一定会被边缘化。

10年前，时任全国人大常委会副委员长韩启德来到学校时同样谈到过这个问题，他曾建议：规模过大直接导致的就是实习基地的紧张，从而脱离了实用型人才的培养。美国的名牌大学专业不是大而全，而都是拥有自己的特色专业，是以自己的特色而著名的。"我尤其关心的是学校的发展方向，这个是战略问题，你们要全力以赴地解决。"

升本之后，这一问题再次被提上日程。尽管在学校领导层内部有不同的分歧，但是，大家知道如果继续扩大规模，就要继续投入建设，继续招教师，而当前的整个教师队伍建设不能等，学科建设不能等，内涵发展不能等……

西湖大学校长施一公曾说：我不希望西湖大学"大"。我们对西湖大学的定位有三个：高起点、'小而精'、有限学科。希望10年之后，西湖大学有300位教师，基本达到加州理工的规模。我们希望西湖大学建校之初以培养博士生为主，聚焦科学技术，发挥世界级教授的作用，培养优秀的拔尖创新人才。因为小，我们只能聚焦有限的学科，聚焦科学技术，西湖大学创办初期，在成立的前10年内只设理学院、工学院、生命学院三个学院，今后视情况再发展人文社科等其他学科。

西湖大学的精准定位给今天民办大学的发展提供了有益的启示。民办大学不能始终处于野蛮发展期，如此发展下去必然带来危机，"去规模化"可能是民办大学必须正视的一条发展路径。

来自教育部近几年的教育事业发展统计公报数据显示，全国民办学校数量及在校生规模始终在逐年增长。新东方教育集团创始人俞敏洪曾说："只有知道如何停止的人，才知道如何加快速度。"这句话充满了哲理。刘文魁知道，规模已经达到2.6万人的郑州科技学院必须警惕"大规模"可能导致的问题，于是，郑州科技学院确立了逐步实现从"以量谋大"向"以质图强"的转变，促进规模、质量、层次协调发展，开始控制整体规模，适当压缩招生计划。

从2018年开始，郑州科技学院正式进入减法生存阶段，规模上做减法，内涵上做加法，加强优质建设教师队伍。"民办大学如果有大楼无良师，有规模无特色，早晚可能被迫出局。"刘文魁说。

2016年11月，《民办教育促进法》修订后，民办教育领域一时间弥漫着一种焦虑的情绪。一方面是一些民办教育集团纷纷上市，尤其是2017年以来，全国民办教育集团上市明显提速。《民办教育促进法》修订后，赴港上市的国内第一家民办教育集团是总部位于河南郑州的宇华教育集团，一年后又有河南的春来教育集团赴港上市。另一方面，选择营利还是非营利，成了摆在不少民办大学办学人面前的一道难题。

对此，刘文魁很清醒。"我们郑州科技学院绝不考虑上市的事情。"实际上，20世纪90年代末，刘文魁身边有办学者就将资金抽离出来做其他产业了，"不把鸡蛋放在一个篮里"，而他却依然故我。

他早期也创办过企业，但是这样的企业仅是给学生提供实习实训的地方。有不少大学投资人开始忙于扩张、收购，而他依然守着一所学校，不是没有机会，而是志不在此。有投资公司愿意来注资，他都没有轻易引入。因为这样他可以始终按照自己的想法来办学。

关于"选营还是选非"的问题，刘文魁从来没有犹豫过，他的立场很坚定："肯定要选非营利性，我是想将办大学这件事作为一生追求的事情去做的，从办学一开始我就从来没想过要通过办学挣钱。"这是一位教育者躬耕30年的初心。

作为一所非营利性民办大学的掌舵人，刘文魁经常说："学校不是我个人的，是人民的，是国家的，是社会的。做教育的绝不能用教育来赚钱，学校是培养人才的地方。"

今天，民办大学滚动发展的逻辑已经远去，一夜之间崛起一所大学已经不是神话，但刘文魁更愿意相信文化的力量。一所民办大学，在30年的大浪淘沙中岿然不动，一定有一种文化的推力在，有一种不忘初心的信念在。所以，时间是最伟大的力量，它能淘洗浮躁、功利和短视，将初心积淀成文化、累积成精神、锻造成品牌！

不忘"助考"那段历史

诞生于20世纪80年代的民办大学，如果将发展的时间坐标拉回到2004年以前，几乎都离不开高等教育自学考试和学历文凭考试这两种形式。

早期的民办大学大多是靠办高等教育自学考试辅导班发展起来的，后来又有了学历文凭考试试点制度，对助力民办大学的发展起到了关键作用。尽管今天有不少民办大学早已进入统招序列，学历文凭考试试点制度也已经取消，但民办大学在发展中应该记住这一段历史。

"可以说，没有高等教育自学考试制度，也许就没有今天的民办高校。至少第一代民办大学的发展都得益于自学考试制度。"刘文魁说。

2014年11月底，河南省招生办公室与河南省民办教育协会联合举办了纪念河南省高等教育自学考试制度实施30周年暨构建终身教育体系研讨会。

在这次会上，与会专家总结了自学考试制度对促进民办大学发展所贡献的价值。自学考试制度坚持"宽进严出、教考分离"的原则，虽然给广大青年学生提供了更多的接受高等教育的机会，但是考试通过率一直不高。"正是在这种情况下，才诞生了第一批民办高等教育机构，使自学考试发生了质的转变。"刘文魁说。

从恢复高考到1999年高校扩招，这段时期上大学是一件并不容易的事情。

每年都有很多高考落榜生面临着上不了大学的尴尬局面。已故西安翻译学院创始人丁祖诒曾经将高考落榜生比喻为90℃的热水，"如果他们有机会进入高校接受教育，再给他们添一把柴，就可能变成开水"。显然，早期的民办大学圆了很多落榜生的大学梦。谈到当年办学的初衷，刘文魁说，一个重要原因就是看着每年那么多落榜生在家务农或外出打工，求学无门，自己感到很惋惜。

刘文魁总结了民办高校实施高等教育自学考试辅导培训的助考意义，他认为，主要体现在以下四个方面：一是自学考试制度这一没有"围墙"的大学开始有了"围墙"；二是在当时的条件下缓解了"千军万马过独木桥"的困境；三是民办高校既要关注结果也要关注过程，因此在日常教学中适时穿插了一些实操性课程内容，改变了自学考试的"应试性"；四是自学考试的通过率大大提高。

那个年代，民办高校学生取得学历文凭的方式有两个：一是参加自学考试，二是参加学历文凭考试。对自学考试，很多人都比较了解，但是，社会上对高等教育学历文凭考试了解得却不多。高等教育学历文凭考试，是国家对尚不具备颁发学历文凭资格的民办高校学生组织的学历认定考试，是以学校办学和国家考试相结合、宽进严出、教考分离为特点的全日制高等学校教育，是介于自学考试和正规学历教育之间的一种过渡形式。取得高等教育学历文凭考试试点资格的学校，根据省教委确定的招生专业和招生计划来招生，招生对象主要为高考落榜生。

通俗地说，学历文凭考试的核心就是"三三制"，即三分之一的课程由所在学校自行命题组织考试，三分之一由各省（自治区、直辖市）组织考试，三分之一由全国自学考试指导委员会办公室组织考试。学生修完教学计划规定的全部课程和实践性教学环节，成绩合格，并经思想品德鉴定，由省自考办核发国家承认的高等教育自学考试专科毕业证书，毕业证书由全国自考办统一印刷，在证书内芯上加盖试点学校印章。

学历文凭考试最早可以追溯到1992年，这一年，国家教委批准北京市开始试点社会力量举办的高等教育机构进行学历文凭考试，后来先后又有辽宁、上海、吉林、福建、陕西、四川、广东等省（直辖市）被批准进行试点。

时间推移到1997年，国家教委在本年度工作要点中确定继续扩大学历文凭考试试点范围，河南、河北、山西、内蒙古、黑龙江、江西、湖南等省（自治区）相继被批准为试点省份。郑州科技专修学院正是这一年成为河南省首批高等教育学历文凭考试七所试点院校之一。

"学历文凭考试试点院校虽然促进了民办高等教育的发展，但实际上，学历文凭考试也属于高等教育自考范畴，属于自学考试助考性质，其进步性在于增加了民办高校办学自主权，包括三分之一的命题权以及后来的设置考点权，毕业生可以拿盖有我们学校自己印章的毕业证。"刘文魁说。

所以，有人曾将学历文凭考试试点制度看作是民办学校发展晋级的一个通道，谁获得了这一试点资格，从某种意义上就意味着教育部门对其办学质量的一种肯定。

2004年，根据《行政许可法》规定，教育部的学历文凭考试试点制度未取得行政许可，因此被叫停。截至2004年，郑州科技学院累计培养25000多名学历文凭考试的毕业生。这一年，学校还被教育部评为"全国高等教育自学考试示范助学单位"，在表彰会上，学校代表作了主题发言。

从1993年确定试点到2004年被叫停，学历文凭考试制度在中国运行了12年，对推动民办高等教育快速发展起到了关键作用。郑州科技学院便是其中最大的受益者，正是在这个过程中，学校实现了飞速发展。可以说，高等教育学历考试试行期间成为郑州科技学院由非学历教育向学历教育过渡时期，为2008年学院升格为本科高校奠定了基础。

学历文凭考试试点制度的取消，意味着处于"有颁发学历资格"与"完全依托国家自考办学"中间地带的民办高校的消失，对那些未能纳入统招序列的民办高校来说，是一个很大的冲击。

"在公办高等教育资源不足、急需大力扶持民办教育力量的时期，学历文凭考试起到了巨大的作用。"刘文魁说，"学历文凭考试制度让民办高校有了一定的办学自主权，更容易吸引生源，很大程度上推动了民办大学的发展。"

学历文凭考试试点制度极大地保护了办学者和求学者的积极性。一种考试形式造就了一批学校，也成就了一批人才。随着公办高校的扩招，越来越多的发展条件不错的民办学校也成为拥有学历授予权的普通高等学校。但是，高校扩招和各地独立学院的崛起的另一面，也导致真正的民办高校发展空间开始受到挤压。

1998年11月，亚洲开发银行驻北京代表处首席经济学家汤敏，以个人名义向中央写信，提出《关于启动中国经济有效途径——扩大招生量一倍》的建议书。建议很快被有关部门采纳，基于"拉动内需、刺激消费、促进经济增长、缓解就业压力"四大目标的高校扩招从此拉开了大幕。

根据联合国统计数据显示，扩招前，中国18-22岁的适龄青年上大学的比例为4%，而当时人均GDP不到中国一半的印度适龄青年上大学的比例为8%。当时人均GDP和中国不相上下的菲律宾，这个数字是20%，人均GDP略高于中国的泰国，这个数字是31%-37%左右。

高校扩招极大地促进了国家和社会的发展，促进了高等教育的大众化程度，但也伴随着不同的阵痛，在实践中呈现出一些弊端。"当然这是后话。"刘文魁说，"真正有实力的民办高校总能在不同的机遇和挑战面前，作出正确的选择，成为领跑者。"

刘文魁自述

为贫困生和落榜生办一所大学

我办这所学校最初的一个想法就是要为贫困生和落榜生打开一条上升的通道。

这一点在学校被纳入统招序列前，始终是非常清晰非常坚定的。后来公办高校大幅扩招，落榜生的问题就不那么突出了。

因此，我现在主要关注三个方面：一是狠抓教学质量，二是为学生就业做好服务，三是加大对贫困生的关注。

办学初期，学校主要实施的是高等教育自学考试，当时，自学考试很火，每年报考的学生很多。1993年，当河南省高教自考生超过10万时，我们学校就达到了2000多名学生。1996年，我们达到了4000多名学生。每到自考之日，"浩浩荡荡的自考大军"走进考场，成了当时郑州街头的一大奇观。高等教育自学考试是我国继续教育和终身教育始终不可缺少的一部分，正如民办高校一样，从最初是教育事业的补充，到现在是教育事业的重要增长点和教育改革的重要力量。自学考试的发展始终与民办高校的发展息息相关。

学校的教学质量在同类学校一直保持领先水平。最典型的是，1998年学校的高等教育自学考试成绩高出郑州市平均分25%，17门学历文凭考试课程有14门夺得全市第一。这一年，全省有400名中学校长来学校参观。有一位校长叫翟春城，好像是鹤壁的，当得知学校的教学质量较高，又有现代化的教学设施，连连为学校的发展点赞。当天，有30多位中学校长与学校达成意向，将高考落榜生送到这里继续深造。

民办大学宽进严出，机制灵活，为落榜生提供了接受大学教育的机会，尽管当时社会上对民办大学还存在偏见，但的确圆了不少落榜生的大学梦。尤其是对农村而言，走出来一个大学生，就可能改变一个家庭的命运。

我是从贫困中走过来的，我非常清楚贫困家庭的难处，现在好像经常有人说，贫穷会限制你的想象。是的，贫穷可能让你走向愚昧，愚昧又会导致贫穷，如果贫困家庭的孩子失去了上学这个通道，就可能陷入这样的死循环。

所以，在郑州科技学院的办学历史上，每一年的发展都伴随着对贫困生的帮扶。后来国家有了大学生助学贷款政策，且基本上实现了全覆盖，学校的主要工作就转向了提供政策咨询和服务上。

记得在1999年，有40名高中毕业生在郑州某高等教育机构一次性交了三年的学费，办学人却一夜之间卷款潜逃。40名受骗学生和部分家长到市教委上访。当时教委的领导找到了我，我二话没说，当即表示：全部免费收下这批学生。

学校就业工作最初是由我亲自抓的。作为刚开办的学校，人们总是关注第一批学生的去向。1990年秋，首届毕业生离校。那一年毕业生的就业出口不错，我记得工民建专业毕业生张明安三年后被破格聘为高级工程师，郭为华在濮阳中原机械厂被提拔为厂长助理，国际贸易班杨笙涛、田新等人到日本留学，张海英在澳大利亚留学，还有10多名学生考上了研究生。1993年，学校被河南省教委、郑州市教委评为社会力量办学优秀单位。

后来，学校专门成立了就业指导办公室，为毕业生的就业服务。1998年，毕业生有1000多名，需要学校安排就业的有889名。尤其值得一提的是，这一年，学校有5名残疾毕业生被新郑一家企业接收，且在工作中表现很好。学校曾到那里进行毕业生就业回访，这家企业对我们的毕业生给予了高度评价。

第四章

华丽转身

吾有三宝，持而保之：一曰慈；

二曰俭；三曰不敢为天下先。

——《道德经》第六十七章

20年，正青春

20年，在中国民办教育发展的历程中不长也不短，但足以让一所民办大学在步履维艰中实现华丽转身。

从1988年的非学历培训到2008年的本科教育，20年时间，郑州科技学院实现了从非学历教育到学历文凭考试试点、专科层次到本科层次的三级跳。这是创始人刘文魁20年如一日坚持做一件事的结果。

20年磨一剑。刘文魁对走过的路历历在目。在一次总结会上，他曾将学校过往的发展史划分为4个阶段：第一阶段是初创期，时间跨度为1988年—1996年，这一阶段也可以称为非学历教育阶段；第二阶段是稳步发展期，时间跨度为1997年—2001年，这个阶段是由非学历教育向学历教育过渡阶段，也可称为准学历教育阶段；第三阶段是快速发展期，时间跨度为2001年—2007年，是专科学历教育阶段；第四阶段是转型升级期，从2008年开始实施本科教育至今。

2008年，是郑州科技学院走过的第20年。这一年对于整个国家而言，也是一个关键年份。这一年，改革开放走过30年；这一年，经历了汶川地震、北京奥运会、"神七"飞天三件大事。汶川地震让国人悲痛，也让国人凝聚，地震灾害让我们失去了数万同胞，却留下了"万众一心、众志成城"的抗震救灾精神；北京奥运会上，中国以51枚金牌居金牌榜首，是奥运史上首个登上金牌榜首的亚洲国家，向世界充分展示了"更高、更快、更强"的奥运精神；"神舟七号"载人飞船成功发射，中国航天员翟志刚首次出舱进行太空活动之后安全返回，展现了"特别能吃苦、特别能战斗、特别能攻关、特别能奉献"的载人航天精神。

这一年，在民办教育领域，也有一件大事值得关注，那就是中国民办教育协会在北京正式成立。2008年5月18日的成立大会上，全国人大常委会副委员长陈至立发来贺信，全国人大常委会副委员长严隽琪、全国人大常委会原副委员长许嘉璐和教育部副部长袁贵仁等出席大会并讲话。国家总督学顾问陶西平当选为中国民办教育协会会长。这是官方批准成立的唯一的民办教育行业组织，是由全国各级各类民办教育机构和民办教育工作者自愿组成的群众性、行业性、非营利性的社会团体。

对于郑州科技学院来说，这一年同样可以用一个巨大的感叹号来表达——在学校迎来20年校庆的同时，也迎来了晋升本科的好消息。

2008年5月16日，在升本揭牌仪式上，刘文魁迎来了自己的70岁生日。没有点蜡烛，没有唱生日歌，没有一切与生日有关的元素——刘文魁从来不在乎这些。他知道，升本是自己70岁生日最好的礼物。本科院校好梦成真，这是郑科院发展史上一次历史性跨越。

揭牌仪式上，与会代表首先为在汶川地震中遇难的同胞默哀悼念，全体教职工为四川汶川地震灾区捐款10余万元。实际上，5月12日地震发生后，刘文魁便第一时间调整了庆典议程，取消了校庆的部分活动。

这一天，郑州科技学院师生和来自全国各地的校友代表汇聚一堂庆祝学校建校20周年，并见证了学校晋升本科的揭牌仪式。全国人大常委会副委员长、九三学社中央主席韩启德发来了贺电。河南省政协副主席、九三学社河南省主委张亚忠，全国政协委员、原九三学社中央秘书长刘荣汉，河南省教育厅党组成员、正厅级巡视员孙洪臣，郑州市政协副主席王敬轩，九三学社河南省委副主委戚建庄等有关领导出席了揭牌仪式。

郑州科技学院升本揭牌仪式

当正式宣布升本的那一刻，整个会场响起了经久不息的掌声。这次会上，刘文魁抛出了学校新的发展目标："我们会一如既往，不断创新民办高校的办学体制、管理体制和运行机制，坚持以工科为主，管理、经济、文学等多学科协调发展，努力把学校打造成国内知名的高水平民办大学。"

学校的升本揭牌仪式结束后，原本可以休息的刘文魁又匆匆踏上了去往北京的航班，参加第二天的中国民办教育协会成立大会。这对民办教育来说是一个利好消息——全国的民办学校终于有了自己的娘家。

升本工作，对一所刚刚送走了两届统招毕业生的民办大学而言，是一个不小的挑战。因为升本必须满足国家院校设置的有关指标。从具体的指标看，主要包括专职教师、校舍建筑面积、教学仪器设备、图书、在校生总数、专科毕业生届数等。民办高校原本基础较薄弱，要达到这些标准并不容易。

最大的挑战则是来自学校内部领导层对升本信心的不足。"专科教育开展还没有几年，升本能行吗？""可以再等等，等时机成熟了再申报也不迟。""还是先把高职高专办好吧。稳步发展才是硬道理！"领导层一直有不同的声音。

关键时刻，作为学校的创办人、最重要的决策者，必须斩钉截铁，果断决策。刘文魁知道，这些说法都有道理，但是在升本这件事上，自己是铁了心了。"没有条件创造条件也要升本"。

实际上，民办高校升本的机遇已经迎面而来，刘文魁敏感地捕捉到了这一信号。随着高校合并组建和大规模扩招，民办高校开始纳入全国新建本科大学行列，特别是2005年以西安几所民办高校集体升格本科为显著特征的"升本现象"，又一次激励了民办高校创办人的"升格"热情。

2006年，郑州科技学院迎接了全省高职高专评估，评估结果为优秀。结果一出来，刘文魁就动员全体干部迅速启动升本申报工作。"升格"又一次成为学校发展历史上波澜壮阔的变革。这就是办学人刘文魁的胆识和远见。

第一次升本的申请材料出炉，刘文魁发现材料中列举了太多的不足，而对学校的优势和特色挖掘不够。于是，一方面校内组织人员重新整理材料，另一方面领导们兵分几路带领团队外出考察成功升本的学校。与此同时，在校园内基建工程如火如荼地进行，一场轰轰烈烈的升本工程在全校展开。

而这一切都需要大量的资金投入。摆在董事长刘文魁面前的首要工作就是筹集资金。"民办高校筹集资金的渠道有三个：一是银行贷款，二是个人筹措，三是学费。个人筹措主要靠亲戚朋友借款，可以说是杯水车薪。所以主要是靠银行贷款，但是学校建筑又不能做抵押，因此我们与银行达成的协议是，利用下一年学生的学费做抵押贷款。这个办法缓解了学校资金紧张问题。"刘文魁说。

2007年12月21日-24日，全国高校设置评议委员会专家组一行五人到学校考评。专家组一致认为，学校符合本科院校的设置条件。升本能否成功，还要看2008年初的全国高校设置评议委员会大评委委员投票结果。在等待的一个月里，时间好像凝固一般，很慢很慢，刘文魁悬着的心还是放不下来。"在这不足一个月的时间里，可以说是度日如年。"刘文魁说。

时间定格在2008年元月18日，教育部在厦门举行的全国第五届高校设置评议会上，学院以46票的绝对优势通过评审。

消息传到郑州，刘文魁和爱人可淑文喜极而泣。

2008年4月，教育部印发通知，根据《高等教育法》《民办教育促进法》《民办教育促进法实施条例》和《普通本科学校设置暂行规定》的有关规定以及全国高等学校评议设置委员会五届二次会议的评议结果，经研究，同意在郑州科技职业学院的基础上建立郑州科技学院，学校代码为12746；同时，撤销郑州科技职业学院的建制。这一年，因此注定成为学校发展史上的重要转折点。

成功升本跟创办人刘文魁的果断决策以及不甘于现状创新精神有关。纵观各高校迎接升本、迎接评估，少则五六年，多则超十年，而郑州科技学院从开始迎接高职高专评估到升本成功，只用了一年多的时间，可以说是刷新了民办高等教育升本速度。

20年筚路蓝缕，20年风雨并进。有人说，时间只负责流动，不负责成长。但是，郑州科技学院的20年从高等教育自学考试助考机构起步，一路芳华一路歌，像一条大河一样滚滚向前流淌，也收获了太多的鲜花和掌声。20年的积淀，郑州科技学院已经长大。每一位郑科院人都需要重温创校之初的理想，永远将学生的利益放在首位，以学生为中心，以课程和成长为半径画出更大的同心圆。对于创始人刘文魁来说，最大的愿望就是，在应用型本科大学的发展上成为真正的领跑者。

20年，正青春。郑州科技学院一路向美向好，永熙初心。

打通就业的最后一公里

2017年8月12日，西湖大学校长施一公在演讲中抛出了"研究型大学当推行'学不以致用'"的观点。他认为，压死骆驼的最后一根稻草——鼓励科学家创办企业。研究型大学从来不以就业为导向，人们也从来不该在大学里谈就业；鼓励科学家创办企业，则是把其才华和智慧用到了错误的地方。我们应该鼓励科技人员把成果和专利转让给企业，他们可以以咨询、科学顾问的方式参与，但让他们自己出来做企业就本末倒置了。

与研究型大学不同，刘文魁认为，应用型民办本科大学要强调学以致用，要以学生高质量就业为己任。谈到学校的毕业生，刘文魁笑了笑说："学校创办30年来，已经走出了一大批优秀的毕业生。这是让我最欣慰的。"他随机谈到了两位毕业生，一位是曾经就读学校新闻专业的陈祖强，一位是毕业后曾跟随自己工作多年的侯屈平。

2002年，从事新闻工作的陈祖强被评为"全国民办高校十大就业之星"。陈祖强1997年毕业于郑州科技学院，后担任《郑州晚报》新闻部主任。作为一名新闻记者，他始终关注社会热点和弱势群体，其多篇报道引起国家权威媒体的关注并被转载。2001年，郑州市劳动与公安部门联手进行了一次解救窑场"包身工"的行动，这次行动得益于陈祖强这位"卧底记者"提供的线索。据媒体报道，当时25岁的陈祖强为了揭开黑心窑场非法使用"包身工"的内幕，他自告奋勇出任"卧底"，甚至在临行前把"遗嘱"都写好了；而当他在窑场中度过五天四夜之后见到前来解救他的同事，这个性格坚强的小伙子不禁泪如雨下。这一事件在全省乃至全国引起了广泛关注。

比陈祖强更早毕业的1993级毕业生侯屈平，毕业后曾跟随刘文魁工作。刘文魁说："她在我身边工作过多年，很能干，也很能吃苦。"

后来，侯屈平离开学校和爱人一起自主创业，企业经营得风生水起。2018年4月，西湖大学召开创校校董会第一次会议，侯屈平夫妇成为西湖大学首批创校荣誉校董会成员。刘文魁说："她很有公益心和社会责任感，当得知河南老乡施一公主持西湖大学工作，各方筹集资金时，他们夫妇主动捐出一亿元给西湖大学。"

像这样的毕业生还有很多。从中原职业大学开始，刘文魁就将就业工作放在了与教学同等重要的位置上。他知道，对于从农村走出来这些学生而言，一个人带动的可能是整个家庭。于是，他总是亲自联系各企事业单位，为自己的毕业生找"婆家"。中原职业大学在全省民办高校中最早推出了"公证就业协议"制度，受到了毕业生和用人单位的一致好评。

作为办学人，刘文魁一直努力打通毕业生就业的"最后一公里"。那么，就业的"最后一公里"在哪里？刘文魁认为，毕业生既要能就业，又要就好业，所以，"就业前做好就业辅导，就业后做好就业回访"一直是学校就业工作的传统。

为打通毕业生就业的"最后一公里"，在服务毕业生就业上，学校举办就业工作人员和就业指导课教师培训班，不断优化社会学习理论框架下的职业指导课程设计，提高职业指导教师的指导水平，每年毕业前夕还开展就业咨询日活动。咨询活动围绕学生在职业生涯发展中疑惑的问题进行解答，如：

对自己的专业缺乏自信，觉得本专业就业面较窄、工作难找；关于就业、创业、考研、出国等多种道路不知如何选择等。对此，就业工作人员对来访学生进行详细解答，告知学生首先要寻找自己的职业兴趣点，不断探索，尽早开展职业生涯规划，让自己的职业目标不断清晰起来，这也是大学生首当其冲需要解决的问题；鼓励学生树立专业自信，找准专业岗位，同时提升个人综合能力与综合素质，增强个人的就业竞争力。

针对一方面社会上一些岗位缺人才，另一方面不少毕业生找不到工作的现象，郑州科技学院就业招生人员广泛调研，结果显示，学生在校学习的知识与地方专业需求脱轨，学非所用，学不能致用，最终导致就业率不高。为了避免这样的情况，学校就下大力解决这个难题。

在此基础上，学校每年还向社会发布《就业质量报告》。《就业质量报告》显示，学校毕业生就业出路主要集中在以下"四个方向"：一、企业工程师、工人；二、企业营销人员；三、教师；四、公务员。

"学校办得再好，毕业生找不到好工作，我们怎么能说自己好呢！学生毕业后，得为他们找个在社会立足的地方。"刘文魁说。

从2006年开始，学校利用河南省毕业生就业市场民办类分市场的有利条件，定期发布人力资源供求信息，举办专场招聘会，每年举办就业双选会，吸引了云和数据信息技术有限公司、怡亚通供应链股份有限公司、海尔集团、格力电器郑州分公司等全国700多家企业参加，每年为毕业生提供就业岗位约1.5万个。

为拓宽就业渠道，增强就业针对性，提高就业品质，学校还开展了定向培养、定岗实训工作。实际上，郑州科技学院在创建之初，探索校企合作模式就已初见成效。经过30年的发展，学校集聚社会资源，探索政、校、企、行合作长效机制，探索联合培养、订单式培养模式。在课程对接上，学校大胆引进企业课程，并与学校课程深度融合，使本、专科学生利用校企合作的实践机会，不断提高工程实践能力、动手能力和创新能力，形成了一套比较完善的"校企合作、产教融合"发展机制，为学生就业打开了一条绿色通道。

学校利用地处产业集聚区的地理优势，主动与政府部门合作，采取校、企、政、行结合的方式，目前已与产业集聚区70家企业共同签署了合作办学项目协议。与此同时，学校还主动联姻100余家企业开展校企合作育人活动。这些企业综合实力强，在国内外知名度高，其中有13家属于中国500强企业，有6家属外资企业，有4家属合资企业。

学校与中联重科开封工业园共建机械类专业，冠名为"中联班"；与郑州海尔空调器有限公司共建机电类专业，冠名为"海尔班"；与长城汽车股份有限公司组建汽车类专业，冠名为"长城班"；与优德控股集团公司组建市场营销专业和会计专业，冠名为"优德班"；与河南百业会计有限公司合作共建财务管理专业，冠名为"百业班"……每年获得企业共建资助款100余万元。据统计，每年近三分之一的毕业生通过"订单班""冠名班"直接走上工作岗位。

企业冠名培养人才实现了"共性教学"和"个性教学"的有机结合。给冠名班授课的都是工作在一线的资深高级技师、高级会计师，是各个行业里的专家能手。他们结合公司、企业工作实际开设的课程，具有很强的针对性，深受学生的欢迎。

应用型、技能型人才的培养之路，使毕业生获得了迈进就业大门的"通行证"。历年来，郑州科技学院的毕业生供不应求，连续五年毕业生就业率保持在95%以上，学校也连续五年承办了河南省的民办高校毕业生双向选择洽谈会。这些成绩的取得与学院长期以来定位明确、专业布局合理、高质量的教育教学以及完善的就业保障体系等因素息息相关。因为就业工作突出，学校连续多年被河南省教育厅评为"河南省大中专毕业生就业先进集体"，还曾荣获"全国民办高校学生就业示范性高校"称号。

2010年，全国首个民办类毕业生就业市场落户郑州科技学院，全国100余家单位在学院建立人才基地，每年保持500多家用人单位来院选聘毕业生。

2012年，面对新的人才培养观，学院审时度势，继续紧扣社会需求设置专业，进一步提高了学院毕业生的就业率。

2015年4月2日，由河南省教育厅、河南省人力资源和社会保障厅、国家开发银行河南省分行共同举办的"新梦想——河南省寒门学子毕业生就业双选会"在郑州科技学院举行。河南省教育厅学生处副处长吴建中、省人社厅统筹就业处处长杨海涛以及省教育厅资助中心相关负责人到现场指导工作。

本次双选会共邀请思念集团、奇瑞重工、海马汽车等450多家用人单位参会，提供就业岗位1.5万个，招聘范围涵盖地产、制造、教育培训、金融、服务等诸多领域各类岗位，来自全省9000余名家庭经济困难高校毕业生参会，为寒门学子送上了一场"爱心就业大餐"。

2002年，首届"中国民办高校十大就业之星"评选活动中，河南省唯一代表就毕业于郑州科技学院。2005年，学院被授予"全国学生就业示范民办高校"。2008年，学院被授予"河南省大中专毕业生就业工作先进集体"。2010年，河南省教育厅对郑州科技学院开展的就业工作进行评估，评估专家组称赞郑州科技学院就业工作特色鲜明，学院就业工作被评为优秀等级；2010年11月，《中国民办教育》杂志称赞郑州科技学院为河南省民办高校毕业生的就业"根据地"；2010年12月24日，河南省大中专就业市场民办类分市场在郑州科技学院挂牌成立，这是全国首个以民办教育归类的就业市场；2011年，学校又被省教育厅评为"河南省普通高校毕业生就业工作优秀单位"；同年，学校就业工作被中国教育新闻网评为"中国就业质量十强民办大学"。

"在今后的发展中，我们不仅谋求'量'的提高，更要注重在'质'上寻求突破，不断提升毕业生的就业层次，把追求毕业生高就业率全面转向高就业的质量上来。"刘文魁说。

图书馆里的风景

关于图书馆，阿根廷诗人博尔赫斯有一句话总被广泛引用——"天堂应该是图书馆模样。"据说，博尔赫斯曾经做过图书馆馆长，他的这一"天堂图书馆论"不仅流露出了他对"书之居所"的深厚感情，同时也给了人们美好的想象空间。毫无疑问，图书馆是美好事物的集聚地，是人们灵魂的栖所。

图书馆之于大学，有人说，她是大学的心灵，是一段故事、一段回忆，是一种诗意的存在。对于大学生而言，图书馆是很多学生最喜欢去的地方之一。四年奋斗过的青春，读过的书，遇到的人，都可能与图书馆有关。

图书馆承载着一所大学的文化风貌和精神海拔。图书馆是一所学校的精神与文化地标。看一所民办大学是否在用心办学，是否真正对学生负责，是否关注学生的精神成长，就看她在图书馆建设上到底做了什么。

郑州科技学院就是一所高度重视图书馆建设的民办大学。走进校园，首先映入眼帘的就是学校的地标建筑——图书馆。整座建筑采用强烈的虚与实、水平与垂直的对比，形成了丰富的光影效果，给人以极富艺术感染力的视觉冲击。图书馆与周边环境结合默契，形成了良好的校园生态景观，也因此曾被评为"河南当代最美建筑"。郑州科技学院的校徽也是依据图书馆演化而来的。

郑州科技学院图书馆于2008年7月竣工，11月正式开馆并投入使用，总建筑面积32051平方米。图书馆现有纸质图书212万册，期刊1605种；电子图书70余万种，电子期刊12236种，购买及试用专题数据库103个，分别为超星电子图书、知网、万方、新东方英语学习库、读秀学术搜索、正保远程教育系统、非书资源管理系统等。图书馆采取藏、借、阅三合一的管理模式，全部开架借阅。目前共有自科书库两个、社科书库三个、工具书库两个，电子阅览室、综合阅览室、教工阅览室各一个。

刘文魁一直主张将图书馆建成一个开放的学习空间、一个知识共享的空间，让更多的学生愿意走进图书馆，让图书馆真正成为"读书馆"。

图书馆每学期会不定期推出一些富有创意的活动。2017年，学院招收7000余名新生，为迎接他们的到来，帮助他们尽早熟悉图书馆、爱上图书馆，从而更好地利用图书馆资源，图书馆举办了系列迎新活动。与往年不同的是，这一年的新生入馆教育采用了全新的模式，被学子们纷纷称为"走心的新生入馆教育"。新生只需关注"郑州科技学院图书馆"微信平台参加线上学习入馆教程并在线测试，测试合格后系统自动开通一卡通借阅权限。整个过程通过网络进行，不受时间和空间限制，新生可以随时随地访问，方便快捷。

新生可以自主在线学习、在线测试合格后自动开通借阅权限，恰好解决了这个长期困扰图书馆的难题。利用入馆教育平台，新生可以在空闲时间完成入馆教程学习和测试。通过精心设计的教程和试题，新生可以充分了解图书馆馆藏布局、规章制度、借阅流程、服务内容等各个方面。同时，考虑到新生的实际情况，新模式设计了PC端、移动端两个界面，新生可以根据自身条件使用电脑或手机进行入馆教程学习和测试。

图书馆还专门设置了温馨的自习阅览环境，特意为新生准备、推荐了160余种新书。各院系同步开展新生入学教育、图书馆参观、网上闯关答题、读者指南资料发放、专题宣传片展播等，吸引全校新生"扎堆"前来图书馆学习，一度出现了一座难求的局面。

"新生入馆教育是高校图书馆发挥教育职能的重要途径，搞好新生入馆教育，不仅可以让新生了解图书馆，掌握利用馆藏资源的技能，还将有效提高馆藏资源的利用率。这种"走心"的新生入馆教育方式使刚迈进大学的新生们通过便捷、多样的教育形式对图书馆有了初步认识，对引导学生逐步适应大学生活、拓宽视野、提高信息素养有着积极的促进作用。"图书馆馆长崔永斌教授说。

为推进资源节约型校园建设，打造"积极、健康、文明、进取、感恩"的毕业文化，图书馆还开展了"文化传承，惠泽后学"毕业生感恩回馈捐书活动。在全校范围内，通过网络、海报、广播、倡议书等宣传方式，鼓励毕业生将不需要或利用率较低的图书、资料捐赠给图书馆。图书馆把学生捐赠的图书统一整理、归类，一部分加工编目入藏图书馆各书库流通，另一部分进入图书馆图书漂流站，成为漂流图书，供在校生查阅使用。电气工程学院毕业生张超说："将自己用过的图书留下来，既可以表达对母校的感恩之情，也可以给学弟学妹留下丰富的知识财富，使这些图书不至于当废品变卖。"

2018年寒假放假前，学校图书馆掀起了"借书潮"，火爆场景只为"借"书回家过年。为了过一个书香春节，图书馆发起了"借一本书回家过年"活动。大学生的寒暑假期时间比较长，他们回到家后，往往以休息娱乐为主，读书学习的时间较少，学校开展"借书回家过年"活动，就是为了让学生充分利用好假期时间，多读些好的书籍。图书馆很乐意为学生们的阅读"埋单"，来构筑他们的头脑与胸襟。学校统计数据显示，当年寒假共有14800名师生参与"借书回家过年"，图书馆借出各类图书60472本。

读书不只是一个人狂欢。近年来，学院还定期开展共读活动。2018年上半年，学院利用一个月时间发起共读《不要等到毕业以后》一书。该书作者张志是武汉工程大学副教授，书中讨论的话题包括：专业和职业、读书和学习、社团和实践、友情和爱情、考研和就业、求职和创业、生活和习惯、个人和社会、天性和信仰、成长和反复等大学生最关心的十个话题，并给大学生提供了最实用的思考方法和行动方案，是一本非常受学生欢迎的书。在共读活动中，一位即将毕业的大四学生说：老师，如果我上大一就能读到这本书，我的大学生活将会发生很大变化，真心推荐给大一的学弟学妹们阅读。

刘文魁平时最关心学生们的读书。民办大学的学生与重点大学的学生相比，在读书方面可能要欠缺一点。刘文魁一直倡导学生多读书。他希望郑科院学子都能养成读书的习惯，读书的习惯是受益终生的。"无论工作上结交朋友，还是爱情上找对象，一个喜欢读书的人都值得你去选择"。

每次遇见图书馆馆长崔永斌时，刘文魁总会询问学生们的读书情况。崔永斌曾提供了一组数据：2017年度的"入馆之最"，机械工程学院2014级学生李云航一年内共入馆1161次，成为2017年图书馆的"馆霸"；工商管理学院王闪闪一年内共借阅129册，成为借书最多的"读霸"。

2018年4月，图书馆再次升级，全面引入不占座物联管理系统，以现代化手段为学生入馆学习提供便利。走进图书馆，你会发现这里总是座无虚席，这样的场景虽然无法与网络上疯传的凌晨四点的哈佛大学图书馆现象媲美，但一定是郑州科技学院校园里最美的风景。

如今，爱学习、爱运动、思教改、享生活在学校蔚然成风。把泡图书馆作为一种常态，乃至一种休闲方式，已经成为学院文化中不可或缺的一部分。

讲好毕业生的"最后一课"

每年六月，离歌唱响。这个毕业季里有一场最重要的道别，就是校长的"最后一课"！

这些年，作为已经年近八旬的董事长，刘文魁平时与学生接触的时间比较少，但每一年学生毕业的时候，他一定会出席学生的毕业典礼。大学毕业是一个人人生中的一个重要节点，刘文魁希望至少在这个节点上，他要给自己的学生们有一个交流。于是，每到毕业季，给毕业生上好"最后一课"，成了刘文魁的规定动作。

大学生的毕业典礼是一种具有文化意味的教育仪式。刘文魁格外重视这一仪式。在学位授予仪式上，他会亲自为学生拨流苏。扶正流苏不但是在校生正式毕业的标志，也是学校领导代表母校对毕业生们求学于此的肯定与衷心的祝福。

毕业典礼上，刘文魁还会给毕业生送上语重心长的寄语。他常说："你们在郑州科技学院学习和生活的点点滴滴已经融入学校的方方面面，凝结成母校的历史和文化的一部分，这将是学校的宝贵资源。当你们拿起相机，记录这难忘的场景时，能够留下的是鲜花、笑脸和肃穆庄严的学士服，但更多的记忆需要印刻在心灵深处。"

2012年6月14日，是郑州科技学院首届本科生毕业典礼暨学士学位授予仪式的日子，这也是建校史上第一次举行这样的毕业庆典活动。那一天，刘文魁格外高兴，所以给学生讲了他的殷殷嘱托：

希望同学们志存高远，报效国家。这句话不是唱高调。中国有句古语："取法于上，仅得为中；取法于中，故为其下。"（唐太宗《帝范》卷四）西方也有一句谚语："如果你的目标是月亮，你将会射中老鹰；如果你的目标是老鹰，你只会射中石头。"古往今来，许许多多仁人志士的成功经验启迪我们，要想成就一番事业，一定要有远大的志向。要志存高远，胸怀天下，希望你们努力把自己的学识和才智融入国家的进步和中华民族复兴的伟大事业之中。"修身，齐家，治国，平天下"，同学们一定要有这样的雄心壮志和远大抱负，在工作岗位上，充分利用在大学里获得的知识和学到的本领，勇于承担社会责任，报效国家，建功立业，成就一番事业，努力成为国家的栋梁之材。这是学校和老师们的最大希望和嘱托。

希望同学们自强不息，不断超越。"天行健，君子以自强不息"，这句象征中华民族精神动力的至理名言，启迪我们要始终保持蓬勃向上、永远乐观进取的人生态度。今天，同学们如愿以偿地完成了本科阶段的学业，在人生的道路上迈出了坚实的一步，但在未来的道路上，还有许许多多的"龙门"需要跨越，还有许许多多的挑战需要迎接。希望同学们在今后的工作和学习中，继续发扬自强不息、不断超越的精神，不论身处逆境或顺境，都要努力做到取得成绩不骄傲，遇到困难不退缩，遭遇挫折不气馁，一生奋斗向前行。在五彩斑斓的人生道路上，谱写新的篇章，创造人生辉煌。

希望同学们终身学习，提升素质。今天我们在这里举行毕业典礼，只是庆祝同学们一个学习阶段的结束，同时，也是祝愿同学们一个崭新工作学习阶段的"开始"。我们所处的是一个新知识、新观念、新技术、新成果层出不穷的知识经济信息时代。在新的征程中，竞争无时不有，挑战无处不在，需要大家在不断学习中获取新知识、掌握新技能、解决新问题、开拓新领域。人生有尽，学海无涯。人生没有毕业的学校，而学习则是终身的职业。希望同学们在今后，无论工作如何繁忙，压力如何巨大，岗位和环境如何改变，都要与时俱进，牢固树立终身学习的理念，养成勤奋学习的习惯，坚持在实践中学习，在工作中进步，始终走在时代的前列。请大家牢牢记住：创业艰难，奋斗以成。成功永远属于有崇高理想、坚定信念、高尚品格和艰苦奋斗的人。

希望同学们情系母校，共谋发展。印度古代诗人和戏剧家迦梨陀娑说过："无论黄昏把树的影子拉得多长，它总是和根连在一起。"无论你走得多远，我的心总是和你连在一起。自从同学们走进母校的那一天，郑州科技学院就是你们永远的家，无论你们今后在事业上如何进步发展，母校都将为你喝彩，为你加油。近年来，学院为实现更高的发展目标，从各个方面都加大了建设力度。今后，学院各项事业的发展，仍然需要同学们一如既往的支持。希望同学们在今后的人生历练中，用你们取得的成就演绎作为宣传母校的名片，和母校建立经常的联系和沟通，为母校明天更加美好增光添彩、出谋划策，以各种方式支持和推动母校的发展。

2014年的毕业典礼上，刘文魁在毕业寄语中谈了三点：第一，希望你们做有思想的人。人活着，必须有自己的思想，只有拥有独立思想的人，才能够真正领略人生的意义；只有拥有独立思想的人，才能够处事有方而不失境界，执着坚定而前行，才能拥有真正精彩的人生。第二，希望你们做有担当的人，担当是一种蕴含于心灵的人格力量，担当就是接受并负起责任。大家现在正面临着就业择业的关键时期，国家、社会、单位在挑选人才的时候，首先选择的就是有敢于担当精神的人，因此，大家切记要担当做事，诚信做人。第三，希望你们做有追求的人。人生的根本目标就是追求幸福。幸福究竟是什么？我认为，幸福就是习近平总书记提出的"中国梦"。单就个人而言，就是实现自己的"个人梦"，只有大家实现了"个人梦"，由若干个"个人梦"才能组成"中国梦"。

2016年，刘文魁给毕业生们讲了三个字：闯、创、倡。他说：所谓闯，就是敢去闯荡。地上本没有路，走的人多了，也便成了路。因此，创业者就要敢于与困难为伴，与挫折为友，敢为天下先，敢闯新路子。在人生道路上要敢闯敢干，有勇往直前的闯劲。所谓创，就是要创造财富，创新精神，创新能力，创造未来。所谓倡，就是大力倡导弘扬艰苦朴素的创业精神、大公无私的奉献精神、锐意改革的创新精神、团结实干的拼搏精神。这是郑科院

刘文魁在毕业典礼上讲话

刘文魁为毕业生拨流苏

发展过程中积淀下的"四种精神",希望每一位郑科学子离开学校的时候,不仅有一身本领,还要有这"四种精神"。

2018年6月12日,刘文魁又一次站在毕业典礼的主席台上,给即将远行的毕业生们送上了走向成功的四个锦囊,这四个锦囊在网络上被广为转发:

一是保持学习的习惯。古人云:"立身以立学为先,立学以读书为本。"希望你们离开母校后仍然能够保持学习的好习惯,把学习作为一种责任、一种精神追求、一种生活方式,树立梦想从学习开始、事业靠本领成就的观念,在学习中提升政治素养、锤炼道德操守、提升思想境界,让勤奋学习成为青春远航的动力。

二是积极面对生活。生活、生存、生命,组成了人的一生。人的一生,总会面对困难和挫折,总会遇到人生的低谷。但我们只要拥有乐观向上的心态,困难就会变成新的机遇,低谷就会变成新的起点。只要我们的内心充满阳光，眼前的世界就会阳光普照。同学们，希望你们的人生处处充满阳光，时时都能以积极阳光的心态善待自己、善待他人，以饱满的正能量投入工作、投入生活，做一个处优而不养尊、受挫而不短志的人生赢家。

三是常怀感恩之心。感恩，是一个人最起码的道德品质。今天，你们要从学校毕业，我希望大家永怀一颗感恩之心，感恩你们的父母、老师和坐在身边的同学，感恩我们共同的母校。是这所学校让我们成长、进步，是这所学校让我们结缘、结伴，是这所学校让我们拥有了永远的精神家园。

四是增强社会责任感。一个人自立于社会、获得家庭幸福、取得事业成功，与个人的责任意识、担当精神有着密切联系。新时代，离不开青年的责任与担当，你们要以强烈的责任与担当精神，撸起袖子加油干，勇于克服身上的缺点和毛病，不断修正、完善自我，在拼搏的青春中更好地服务社会，不断实现个人价值和社会价值。

盘点这些年的毕业寄语，刘文魁很少讲故事，尽管他的人生过往中发生过太多的故事。他给学生讲的都是他自己的人生感悟。他希望毕业生们能够将这些感悟作为人生的锦囊，少走弯路，不走错路。

谈到郑州科技学院到底要培养什么样的学生，刘文魁总结了5点，他希望自己的学生是这样的：1.有价值感和清晰的人生目标。2.善良，有同情心，感恩帮助过自己的人。3.勤奋，努力，坚韧。4.迎难而上，视困难为机会，视困难为资源。5.能自带阳光，心系他人，珍惜与家人、朋友以及社会的关系。

升本之后的战略转型

2008年，学校实现了由专科学历教育到本科学历教育的升级，升格为普通本科院校，正式更名为郑州科技学院。多年的梦想终于变成了现实。

升本之路，对刘文魁来说，是生命中充满质感的记忆。他无法忘记自己力排众议执意升本的一幕幕，无法忘记为了对标本科设置标准而做的一系列整改工作，更无法忘记在等待教育部专家组评审结果时的焦虑……当这一切都成为过往，刘文魁知道还有更大的发展命题会迎面而来——重新确立学校定位，锁定精准发展目标。

"发展不是靠规划出来的"。对于第一批民办高校而言，他们的发展路上充满着未知和变数，一路走来都是在摸着石头过河，是在奔跑中不断调整姿态的。

但是，升本之后，刘文魁把规划和战略转型放在了重中之重的位置。他知道，方向对了，目标才不会出错。2007年，刘文魁从院长位置退下来后担任学校董事长，他腾出更多的精力用在了学校的发展规划上。

学校升本后，必然要根据教育部的评估指标来重新调整和设计学校发展的对策思路。刘文魁认为，本科不是在专科教育时间上的简单延伸，而应该从培养目标出发，再造课程与教学。专科教育在培养目标、培养模式等方面与本科有着明显的区别，基于专科层次的办学理念在升级变革之际，必然产生一定的阵痛。

于是，董事会、校委会分别进行了专题研究，开始着手对发展定位和规划进行修订。学校先后聘请省内外高等教育专家、民办教育专家到校进行研讨论证，所有院级领导分头参加不同的会议，最终确定了学校的发展定位：1. 类型定位于应用型本科院校；2. 学科定位为以工科为主，多学科协调发展；3. 人才培养层次定位为由当前的专科教育为主逐步过渡为实施本科教育为主，专科教育为辅；4. 教育形式以普通教育为主，以成人教育和技能培训为辅；5. 服务面向定位是立足郑州，面向河南，辐射周边；6. 特色定位为培养学生"动手能力"。

郑州科技学院的整个战略转型锁定了应用型本科大学建设和以学生为中心的课堂教学改革上。相对于大家熟知的教学型大学、研究型大学，应用型大学进入大众视野是近几年的事，时间较短，很多人对"应用型"具体的内涵了解并不多。2014年2月，国家提出"引导一批普通本科高校向应用技术型高校转型"，此举被教育界许多人士视为"中国应用技术大学时代正悄然来临"。

在刘文魁看来，一些公办高校向应用型大学转型往往是被动转型，而民办高校从一开始就是基于应用型大学而定位的。民办大学与生俱来的创业基因，以社会需求为导向的发展战略和学以致用的教育教学目的，决定了它必然是最彻底的应用型大学。

作为新升格的地方本科院校，郑州科技学院根据"地方性"和"应用型"两大属性与特点，开始探索走"产教融合、校企合作、工学结合"的人才培养之路，在扎实开展理论教学的同时，加大实践教学的比重，将企业综合实习作为高校实践教学的重要组成部分，让学生在企业实践中深化理论认知、加强技能学习、训练科研素养，培养学生的实践能力和创新能力，改变重学术轻技术、重知识轻能力、重理论轻应用的普遍现象，坚持为生产、管理、服务一线岗位培养高素质应用型人才。

学校新的定位确立后，发展的核心必然会切换到教学改革上来。"改革课堂，提高教学质量，是升本之后学校最专注的事情之一。"刘文魁说，"相比较而言，基础教育的教学改革与课程建设风生水起，而高校的改革却雷声大雨点小。"

教学能否真正做到以学生为中心，如何改变单一单调的授课方式，让学生在充分自主学习的基础上与教师深度对话研讨，是郑州科技学院教学改革的核心议题。

刘文魁一直关注着国内外高校教学改革的最新动态。其中，教室的改造升级就是他关注的一部分。《地平线报告》近三年来反复提及的一个概念是"学习空间重构"。2017年的报告指出，"学习空间设计正在从以讲授为主的讲座型空间设计，转变为基于项目合作，基于团队展示，基于自主学习，基于自由讨论，基于悠闲放松，基于工程设计等多样化的空间设计。"学习空间重构被如此重视，让刘文魁对学校的教学改革有了新的思考。以学习者为中心的教学设计是更适合学生的自主学习、合作学习、探究学习的，是支持学生深度学习的，而非过去单纯服务于老师教的。

郑州科技学院的本科教学对课程体系进行了大胆的优化与改革，每个专业都根据市场需求增设了热门的专业方向，并增加了创新课程。"我们就是要突出一个中心，即以培养应用型人才为中心，统筹协调好教育教学中课堂教学、实践教学、素质教育3个方面，强化教务部门、督导部门、任课教师、学生对教学质量的有效监控。"刘文魁说，"通过教学改革实现教学、管理队伍、教学管理制度、人才培养方案、课程体系5个方面的整体优化。"

"当然，应用型民办大学并不排斥和拒绝研究，相反会以科研来带动和反哺实践应用。"刘文魁说。开展科学研究是高校的重要职能之一，科研水平是衡量高校整体水平的重要指标。实际上，教学与科研是可以互为补充、相互融合的。科学研究可以丰富教学内容，活跃教师的学术思想；教师通过开展科研活动，及时了解本学科在学术方面的前沿信息，更加容易将自己的研究成果渗入到课堂教学中，从而激发学生的学习兴趣。

苟日新，日日新，又日新。"高校教育中没有一成不变的教育模式，再先进的指导思想、教学方法也会落伍，民办大学的优势就是因时而变，因需而变，不断调整到最佳的发展状态。"刘文魁说。

2012年，学校升本后的第三年，刘文魁又一次地出乎所有人意料之外，提出要敢于主动接受教育部本科评估。就像申报本科时一样，大家都底气不足。但是一切的努力，都会有意想不到的惊喜作为回应。

2015年，学校有了三届毕业生后，本着"以评促建、以评促改、以评促管、评建结合、重在建设"的评建方针，郑州科技学院主动申请教育部评估。2016年，学校顺利通过教育部本科教学工作合格评估，并在全省民办高校中率先实施双学位教育。

评估是一场硬仗，但郑州科技学院又一次打赢了。学校本科办学成果得到专家组的充分肯定。专家组认为，学校办学理念与办学定位准确，教学工作中心地位的政策与措施到位；办学条件不断完善，实验设备条件不断得到相应充实，人才培养质量得到了基本保证；学校积极推进应用型人才培养模式创新，学校发展态势良好。

顺利通过教育部本科教学工作合格评估，是学校发展史上一个十分重要的里程碑。升本后，郑州科技学院所有的努力都是为了更多地服务于学生的成长，旨在"给考研学生添动力、给就业的学生造平台、给喜欢运动的学生找阵地、给有艺术爱好的学生建殿堂",全面提升学生的综合素养。

学校顺利通过本科教学评估后,进一步构建了完善的高素质应用型人才培养体系和毕业生就业创业指导服务体系,育人质量和水平不断提高,学生的职业资格证取得率、学科竞赛获奖率、考研率、就业率、就业质量与职业发展能力稳步提升,连续多年位居全省高校前列,还有不少毕业生走上了自主创业之路。

"就业有岗、创业有道、发展有余。"升本后的郑州科技学院正朝着示范性应用型民办本科大学的目标一步步迈进。

一方文化的栖息地

大学一定是一种文化的存在。每一所大学一定有独属于自己的文化，都要构筑自己的文化栖息地。郑州科技学院也一样。

走过30年发展历程的郑州科技学院积淀了丰富而独特的文化。她的文化可以从一尊雕像说起。

2018年5月，郑州科技学院图书馆门口的孔子像正式落成，这是建校30年的一项标志性工程。孔子像在很多学校可能是司空见惯的一种景观，但在刘文魁的眼中，却有不一样的意义。孔子是万世师表，是私学第一人。孔子的儒家精神塑造了中华民族的气质，是中华文化的源头，也是华夏儿女的精神母体。

孔子兴办私学打破了"学在官府"的局面和贵族垄断教育的特权，他以"六艺"为授课内容，倡导"有教无类"和"因材施教"，对后世产生了深远影响。刘文魁的办学之路深受孔子的影响。在他眼中，孔子应该是郑州科技学院的文化名片。

"民办学校更应该祭拜孔子，传承孔子的教育思想，以孔子为代表的儒家思想是中华民族优秀文化的一部分，也是郑州科技学院文化的核心部分。"刘文魁说。他希望郑科院的师生都能研究学习孔子的思想，传承中华民族优秀传统文化。

从孔子出发，刘文魁的精神世界里，还有一个精神符号，那就是老子。刘文魁出生于老子故里，深受老子思想的滋养，尤其是随着年龄的增长，他对老子的《道德经》越发有一种亲近感。在他的办公室里悬挂有这样两幅字：一幅是"人法地，地法天，天法道，道法自然"。另一副是"曲则全，枉则直，洼则盈，弊则新，少则得，多则惑"。

道德经的第二十二章：曲则全，枉则直，洼则盈，弊则新，少则得，多则惑，是以圣人抱一为天下式。不自见，故明，不自是，故彰，不自伐，故有功，不自矜，故长。夫唯不争，故天下莫能与之争。古之所谓"曲则全"者，岂虚言哉？诚全而归之。

在刘文魁过往的人生经历中，他深深懂得"少则得，多则惑"的真谛。专注的事物少，便会倍加珍惜，深入思考，进而有所得；可选择或者可拥有的事物过多，则可能有所失，困惑也会越来越多。在他的创业人生里，没有去涉足其他领域，没有多元发展，自始至终深耕教育，锁定工科定位，可谓制心一处。

学校是文化启蒙的灯塔。学校的校训是学校文化的高度凝练所在，是学校的灵魂。郑州科技学院的校训是"博学、笃行、明德、至善"，八个字分别出自《中庸》"博学之，审问之，慎思之，明辨之，笃行之。"和《大学》卷首"大学之道，在明明德，在亲民，在止于至善。"

校训是刘文魁经过了反复思考后确定的。所谓博学，即广泛涉猎专业知识。教师学识渊博，造诣精深，学生在专业学习上要体现广博，要打下深厚的功底。"博学"是动脑学，是知识的输入，要以有字书和无字书为学习蓝本，"以世界为教材，而非以教材为整个世界"。

所谓笃行，是用学习的知识和思想指导自己的实践。学有所行，学以致用。"笃行"是动手学，是做中学，是输出，即注重实践技能和实际行为的培养。后来，刘文魁提出的"实践育人"就源于"笃行"这一思想。"行动才是最好的学习，郑科院的学子要乐于实践，不能成为'知识的巨人，行动的矮子'。"刘文魁说，"如果说'博学'是输入，那么'笃行'则是输出，如果说'博学'是知，那么'笃行'则是行，要知行合一。"

所谓明德，即德才兼备。人们常说，"成小事靠能力，成大事靠品德"，"有才无德是小人，德才兼备是君子"，"有德无才会误事，有才无德办坏事，德才兼备办大事"。儒家讲"厚德载物，自强不息"，主张以"仁德、仁义、道德"治国平天下。道家讲"清静无为，以柔克刚"，主张以"道德，与人为善，以和为贵"治身。基于此，郑州科技学院的育人理念始终坚持以"立德树人"为核心。

所谓至善，不是要以"最好、最高"为标准，而是不随遇而安，不满足于现状，不甘于庸常。善是一种行为、一种尺度、一种习惯，"勿以善小而不为"。爱是一种善，信是一种善，每天进步一点点即为善。"至善"的内涵包括善学、善问、善行……

在这个八字校训里，刘文魁加进了很多自己的定义在里面。30年来，刘文魁和他的团队所有的努力都为"博学、笃行、明德、至善"的校训写下了注脚。

2017年10月，郑州科技学院新校徽正式发布。新的校徽意在更好地传递校训中"博学、笃行、明德、至善"的思想。LOGO整体造型以学校图书馆为基底，结合齿轮、书本，艺术变形而来。"学校图书馆"结合"1988"建校日期，体现了学校的办学历史、文化底蕴和博学、明德。"齿轮"代表郑州科技学院的工科定位和实践育人，体现校训中的"笃行"。"齿轮"的形状又像一轮初升的太阳，象征着学校教育事业蒸蒸日上。"书本"代表知识，体现校训中的"博学、至善"。LOGO整体颜色为蓝色。蓝色代表着智慧，寓意莘莘学子如同畅游在浩瀚无穷的知识海洋中。从此，蓝色成为郑州科技学院的一种标志色。

工科出身的刘文魁很早就开始思考学校文化建设了。除了学校的理念文化，距离学生最近的校园文化也是刘文魁高度重视的一部分。30年来，郑州科技学院逐步形成了思想、教育、文化、艺术、体育、科技为一体的校园文化生态，培植了四大校园文化品牌：一是"文化大讲堂"；二是"科技讲坛"；三是学生社团文化；四是"两节一会"，即校园科技文化节、文化艺术节和运动会。丰富多彩的校园文化活动，拓展了学生的人文素质，丰富了大学生的业余文化生活，为学生成长成才提供重要的平台。

近年来，郑州科技学院举办"文化大讲堂"30余场，将传统手偶、诗词等文化艺术元素引入校园，增强师生对传统文化的认知感和认同感；依托课堂教学平台，开展中原特色文化专题教学，将信阳茶文化、豫剧等传统文化特色融入食品、音乐等专业教学，拉近了学生与传统文化的距离，增强了学生对中原文化的自信心和自豪感。

"科技讲坛"则汇聚省内专家，网罗学术精英，是为提高教育教学质量，营造学术氛围，丰富学校第二课堂，加大培养创新性、应用型人才力度而举办的学术性品牌活动。通过讲座连接省内外专家学者与学生的互动，增强学术氛围，让学生在第一时间接触学科前沿资讯，拓宽学生视野。"科技讲坛"在举办过程中不仅追求讲座的专业水准，还力求保持学院活动的系统性与连续性，加强学生的主动探求与参与互动。

"科技讲坛"专业专题讲座活动一直都受到嘉宾和师生的好评，展现了郑州科技学院在讲座形式上敢于创新、与时俱进、勇于开拓、不断追求的态度。自2008年升本以来，共举办讲座140期。2013年，"科技讲坛"被河南省科学技术协会、河南省科普成果奖评选委员会评为河南省科普成果奖一等奖。

大学生社团组织是在大学里最活跃的一道风景线。从1996年刘文魁亲自批准成立的世纪风文学社开始，到现在的70多个社团百花齐放，学生社团涵盖文化理论、公益实践、文体爱好、学术科技、心理健康、口才交流等。文化理论类社团坚持以文学写作、促进学生文学知识交流为目的，将学生自我思想政治教育不断引向深处；公益实践类社团积极开展教育讲座、社会实践、社会调查、关爱弱势群体、勤工俭学、对外交流等活动，产生了良好的学院影响；文体爱好类社团举办众多丰富多彩、深受广大同学欢迎的文艺体育活动，极大地充实了学生的第二课堂生活；学术科技类社团将书本知识与实践应用紧密结合起来，在提高广大同学的学术素养和专业技能方面起到了越来越重要的作用；心理健康类社团积极引导学生树立正确的学习心态，有效解决了学习压力社会困扰等问题；口才交流类社团锻炼心理素质及表达能力，让学生更好地交流沟通。

社团每学年共举办活动228场左右，其中包括校迎新晚会、大学生文化艺术节等大型活动，参与人次高达143489人次；还有对外交流活动20场，参与人次高达16245人次。

校园文化是学生通往思想成长和精神成长的路径。如果说文化如盐，那么文化一定是盐溶于水，而非油浮于水。中国民办教育协会会长王佐书一直主张，学校要进行"腌萝卜"式的教育，而非"刷萝卜"式教育，校园文化则具有"腌"的作用，要将优秀的文化"腌"到学生的思想里去，入脑入心。郑州科技学院的校园文化就是这样，以科学人文精神塑造人，以优秀的生命样本鼓舞人，以多元的展示平台发展人，以身边的正能量提升人，为学生营造自由呼吸、自主发展、多元融合的校园文化氛围。

与九三学社的渊源

20世纪70年代，刘文魁被借调到郑州市科委工作，在这里，他结交了不少良师益友。其间，经常与九三学社的专家一起研究工作。1987年，经人推荐，刘文魁加入了九三学社，曾先后担任九三学社河南省教育委员会副主任和联谊委员会主任。

刘文魁至今难忘入社仪式上读到的九三学社成立宣言：本学社发起于日寇败降，国际的民主胜利，与世界的和平奠基之日。……今抗战已获胜利，自应迈进于和平建设之途，然环顾国内，其纷乱舛错之状况，实有令人不胜其忧惧者。……今日适为"五四运动"二十八周年纪念日，"五四"所号召于国人者，为科学与民主，今时间过去虽已二十余年，而民主与科学之要求，实较前迫切，本社同人，即本"五四"的精神，为民主与科学之实现而努力，始终不懈，谨此宣言。

九三学社诞生于1946年5月4日，其人员组成以科学技术界高、中级知识分子为主，拥有众多两院院士，聚集了一大批杰出科学家。九三学社充分发挥人才和智力优势，在科教兴国、人才强国方面做出了卓越贡献。刘文魁愿意与这样一起优秀的人一起做自己喜欢做的事情。

30年前，人们的生活还很匮乏，大学生还是生活周围的"稀有人才"，

"我要上大学"对于许多人来说，还是一种奢望。伴随着改革开放，人们的思想开始被启蒙，民办大学开始起步，但尚未走进社会的公众视野。1987年，刘文魁跟随九三学社同仁去新加坡考察。正是因为这一次走出国门打开了他的视野，更加坚定了要办一所大学的决心。

回国后，从贫困中走过来的刘文魁开始踏上办学之路。30年过去了，如今，郑州科技学院已成为九三学社系统办学规格最高、规模最大、影响最深远的，以工科为主的民办大学。作为九三学社社员，刘文魁在办学路上感受到了太多组织给予的温暖。

谈到与九三学社的渊源，刘文魁打开了尘封的记忆。组织上的每一次关怀，每一个人，甚至那些充满温暖的话语，他都如数家珍。

1998年，时任全国人大常委会副委员长、九三学社中央主席吴阶平为郑州科技专修学院建校10周年题词；同年10月，九三学社中央全国办学工作现场会在郑州召开，主会场设在郑州科技专修学院，来自全国20多个省市的60多位办学人参加了会议，九三学社中央副主席黄其兴、安振动亲临学校指导工作。与会领导和专家将刘文魁办学的艰辛历程和拼搏精神，总结为"铜头、铁牙、飞毛腿"。学校顾问、九三学社河南省副主委孙心仪则用"含辛茹苦、步履维艰"8个字概括了齐文魁征地建校这段时期的艰难和不易。

1999年，中共河南省委统战部和九三学社河南省委发出了"远学王选、近学刘文魁活动"，刘文魁成为河南统战系统学

2002年，韩启德（右三）第一次来到学校

习的楷模。

2002年，学校被九三学社中央评为"科教服务支边扶贫"先进单位，刘文魁被评为先进个人。这一年的3月22日，时任全国人大常委会副委员长、中国科学院院士、九三学社中央主席韩启德来到郑州科技学院，他从河南省副省长张涛手中接过了郑州科技学院首席顾问的聘书。他在作报告时赢得了现场师生经久不息的掌声。他说，在学校工作那么多年，甚至包括在其他任何场合，这么热烈的掌声我有生以来听到过两次。一次是在人民大会堂的北大1998年百年校庆，北大的师生感觉到扬眉吐气，那次掌声叫我久久不能忘记。第二次就是这一次的掌声。这种掌声不是一般能发出来的，而是一种发自内心的精神，掌声并不代表所有，但是这么热烈的掌声一定有一种精神存在，这种精神贯穿在学校领导、教师和学生中。

时隔六年，2008年9月17日下午，韩启德再次来到郑州科技学院进行调研，河南省人大常委会副主任张程峰、省政协副主席张亚忠等一同陪同调研。在与学校领导和中层干部座谈时，他语重心长地说："这是我第二次到这所学校来，学校有很大变化，20年能够办成这个样子，确实不容易，没有向国家要钱，反而积累了一定的资产。刘文魁发扬的'四种精神'，不管哪种精神都是难能可贵的，从师生的面貌上已经看到了这种精神的存在"。

2015年8月30日，来河南进行专题调研的全国政协副主席、九三学社中央主席韩启德在郑州接见了刘文魁。韩启德听取了刘文魁的汇报，对郑州科技学院的发展成绩给予肯定。会见中，韩启德详细询问了郑州科技学院的办学规模、生源、招生计划、学生就业、学科专业设置等情况。韩启德说：今年，教育部要召开全国民办教育工作会议并且要出台"民办教育发展30条"，现在，民办教育整体来讲，在民办高校发展的竞争更加激励、生源萎缩的情况下，郑州科技学院还能保持生源连年稳定增长，在校生规模超过2万人，说明郑州科技学院的办学是很成功的。

2016年12月，刘文魁被九三学社中央评为全国"十大楷模"。刘文魁在表彰大会中表态发言。他说，作为一名老社员、老教育工作者，义举办学，为国家、为社会做一点贡献，这是教育工作者应尽的义务，也是九三人服务社会的职责所在。一份高高的荣誉，更是一份沉甸甸的责任。今后，定将"不忘初心，继续前行，撸起袖子，加油干！高举'爱国、民主、科学'的

韩启德（左）与刘文魁

旗帜，践行社员职责，为九三学社争光。继续弘扬创业、奉献、拼搏、创新的'四种精神'，做好各项工作，为教育事业做出更大贡献。"

2017年2月28日，由九三学社河南省委主办的"九三楷模"刘文魁先进事迹报告会举行。九三学社河南省委主委张亚忠在报告会上讲道，召开"九三楷模"刘文魁同志先进事迹报告会，旨在弘扬科学精神，传播民主党派正能量，使广大社员学有榜样、行有示范，更好地展现河南九三人围绕中心、服务大局、积极作为的精神风貌，努力让中原在实现中国梦的伟大进程中更加出彩。

"九三学社河南省委还有很多领导在办学之初就给予了我很多帮助，早期的有卞志滢，后来还有孙心一。"发生在很久以前的事情开始在刘文魁的心里拉开一片涟漪。

在创业最艰难的时候，面临学校还是否继续办下去，九三学社郑州市委

副主委卞志滢给予了刘文魁最大的支持。后来，九三学社河南省委副主委孙心一担任学校顾问，十多年如一日心系学校发展，关怀可谓无微不至。

2014年4月17日，九三学社河南省委原副主委、省政协原副秘书长孙心一去世。刘文魁亲自前往参加了追悼会。这位郑州科技学院的老朋友，生前为学校的发展倾注了心血。在郑州科技学院的网站有一篇文章上详细记录了孙心一十多年来对学校的关怀：

1997年，孙心一到学院为师生作报告；1998年5月，陪同河南省副省长、九三学社河南省委主任委员张涛到学校指导工作；1999年，在孙心一引荐下，九三学社中央副主席、中国科学院院士、中国工程院院士、汉字激光照排系统创始人王选约见了刘文魁；1999年5月8日，孙心一陪同九三学社中央副主席金开诚视察学院；10月27日，陪同省人大常委会教科文卫主任、原省教委主任徐玉坤视察学院；11月11日，陪同副省长陈全国、省教委主任王日欣视察学院；2000年11月7日，陪同省委常委、省政协主席林英海到学院调研；2001年4月，出席郑州科技职业学院揭牌仪式。2002年3月22日，陪同时任九三学社中央委员会副主席韩启德视察学校，并被学校聘请为顾问。

"郑州科技学院走过的30年是九三学社各级领导关心关注学校发展的30年。作为一名从事于教育事业的九三人，以自己的特长开展社会服务是我作为一名社员的职责所在。倾心办学是我社会服务社会、尽忠于国家、尽忠于九三学社应尽之事。"刘文魁说。

刘文魁自述

我心目中的教育家

对我影响比较大的教育家有哪些？我觉得这个问题很有价值，也促使我对自己的办学思想渊源做一下梳理。

有人说，中国有两个半教育家，分别是孔子、陶行知和蔡元培。我不清楚这个说法来自哪里，但是这三个人一直是我心目中的三座教育高峰。客观地说，我在办学过程中核心的教育思想主要来自五个人。

先说孔子吧，他是中国私学第一人，从他开始，过去的官学体系开始被打破。我觉得这还不是最重要的，最重要的是，孔子的教育思想对后世影响很大。他的"有教无类""因材施教""教学相长"等教育思想至今仍是我们做教育所遵循的重要原则。今天流行的许多理念，尽管说法变了，但实际上都能从孔子的教育思想里找到源头。郑州科技学院30年的办学实践毫无疑问是在践行孔子的这些教育思想。我记得有一年，九三学社中央委员会原副主席金开诚先生来学校考察时，还曾给我题赠过一幅字就是"有教无类"。

陶行知是对我影响最大的一位教育家了。在我们校园里有不少人像雕塑，其中就有孔子和陶行知。郭沫若先生曾说过："古有孔夫子，今有陶行知。"陶行知先生最让人钦佩的是，他从美国哥伦比亚大学毕业归国后，本有很多种选择摆在面前，可以为官到教育部任职，可以做学术研究到大学做教授，但是，他却选择了到南京郊区的农村办一所私立学校。这在很多人看来是不可思议的。正是在这样的办学实践中，他深深感悟到了教育改造灵魂的意义，也因此修改了自己的人生志向：从"教育报国"走向"教育造国"。我想，这一字之变的背后是他的认知升级。陶行知有三大教育主张："生活即教育""社会即学校""教学做合一"。之所以说陶行知对我的影响最大，就是他所提出的"教学做合一"这一理念。他说过，在做中学才是真学，在做中教才是真教，教、学、做是一件事，而不是三件事。这么多年来，我就是在用这一思想来指导办学的，办好一所工科大学，必须充分落实好"教学做合一"这一理念。

谈到近代大学，蔡元培是绕不过去的一个人物。当年他入主北京大学后，进行了一系列的改革，使北京大学面貌焕然一新。北大若没有蔡元培就不可能成为新文化的中心。他实行"思想自由、兼容并蓄"的方针，聘请了不少新文化的代表人物担任教员，如陈独秀、李大钊、鲁迅、胡适等。他的大学理念与实践对我国后来的大学教育产生了深远影响。

其实，在我心中，还有一位教育家不得不说，那就是张伯苓。张伯苓所创办的包括私立南开大学在内的南开系列学校，是民国教育史上的一座高峰。他同样有着"教育报国"之志。他是"中国奥林匹克第一人"，是全国体育运动的积极倡导者和组织者。他认为，近代中华民族之大病有"愚、弱、贫、散、私"五端，其中"弱、散、私"三病均可通过体育来根治。学校体育不仅在技术之专长，尤重在体德之兼进，体与育并重。对体育的重视，从租房办学阶段我就开始了。我想，无论条件多么艰苦，一定要给学生提供可以自由活动的空间。当然，这里面也有一个原因是我个人也很喜欢体育，我的篮球、乒乓球打得都不错。所以，在我们学校的历史上，体育工作一直做得不错，我们学校的不少项目都曾在全省甚至全国的比赛中获得过奖项。

最后一位人物是清末民办教育的苦行僧，一生靠乞讨兴办义学的武训。这曾经是一个有争议的人物，但他对我的影响是深远的。办学这么多年来，经历的大大小小的困难太多了，在最艰难的时候，说我没有一点动摇的思想是假的。我忘记是哪一年了，在听说了武训的故事后，我非常感动，心想，再难有当年武训办学难吗？肯定没有。所以说，在每次遇到困难时，武训的故事都给了我莫大的精神支持。

我想大概就是这个五个人吧，他们对我的办学产生了很大的影响。孔子和陶行知的雕塑在校园里已经有了，回头另外三个人物的雕塑也要树起来。这是学校文化的重要组成部分。

借势转型

大成若缺，其用不弊。大盈若冲，

其用不穷。大直若屈，大巧若拙，大辩

若讷。

——《道德经》第四十五章

课程：逆向设计，正向施工

2018年3月，郑州科技学院89名2015级土木建筑工程学院测绘专业的本科企业综合实习生收到了来自实习企业的一份礼物。他们在获得企业授予"优秀实习生"称号的同时，还收到了实习企业发放的现金红包。企业负责人评价说，郑州科技学院"产教融合、校企合作、工学结合"的人才培养模式，培养出了能沉下心来、放下身段、努力钻研技术的优秀员工。

"社会发展一日千里，如果地方高校不及时调整课程，不大胆创新教学方式，继续在学科专业趋同、人才培养同质化中竞争，就不能够很好地服务地方经济发展，如此下去，迟早会被淘汰出局。"刘文魁说，"如果学生在学校学到的技术相当于'屠龙术'，无用武之地，不好就业，以后谁还会报考你的学校呢？"

地方高校如何为地方经济发展提供智力支持，如何使培养的人才适应社会需求，这给所有地方高校提出了新的发展命题。郑州科技学院因时而变，人才培养紧跟地方产业发展需求；因事而化，打破传统授课模式，开启全新的教育理念；因势而新，争做应用型人才培养的领跑者。

其实早在2002年，刘文魁就提出了"实践育人"的理念，那时高校的课堂教学多以理论授课为主，而郑州科技学院却在校内通过校企合办的工厂，提高学生的动手能力，毕业生也很受地方企业欢迎。随着学校的发展，开始进一步加强在校企合作和校内提供的实验、实训、实习平台建设；在课程对接上，则大胆引进企业成果，并使之与学校课程深度融合。

围绕"实基础、重实践、强能力、会创新"的人才培养目标定位，学校构建了"逆向设计，正向施工"的人才培养方案。通过企业调研、毕业生走访和工程认证标准，结合专业特点和区域社会经济与行业企业需要，制定本专业培养目标，并予以细化，实现培养目标的具体化、精准化。在人才培养规格的设定中明确需要具备的知识、能力、素养，明确人才培养的职业导向以及面向的行业、岗位群和岗位类别。根据培养目标和规格构建课程体系，设置对应课程模块，细化课程名称并开设学期学时，用课程支撑培养目标和规格。最后请行业企业和学校专家进行论证，确保培养目标和规格从企业中来，课程体系符合企业用人需求。

在教学计划中，课程安排分为四大模块，即公共课、专业基础课、专业课和综合实践必修课。公共课主要对学生进行通识教育，专业基础课与专业课主要以专业的基本知识和必备的专业技能为教学内容，综合实践必修课着重强化专业综合实践和技术技能培养。

学校大力优化"工学结合、校企合作"的人才培养模式，积极搭建实践平台，着力打造"政、校、企、行"四方协同育人新格局，"走出去"的同时"引进来"，形成以学校为主、社会参与、充满活力、充分开放的应用型人才培养体系。

学校不断加大实践平台建设的投入力度，逐步搭建了由"实验中心、工程训练中心、科教中心、众创中心"组成的四大实践教育平台，这些平台已成为中原高校实践教学、科技创新、产学结合的亮点。同时，优化整合学校实验资源，针对不同专业，建设各具特色的开放型实验室156个，实习实训车间12个，以满足学生校内实习实训需求。此外，学校还以培养学生的"专业素养"和"职业素养"为抓手，广泛开展"政、校、企、行"合作，共建校外实习实训基地，实现了校企在专业设置、课程建设、教学科研、师资培训、教学仪器设备等方面的深度合作，加大对学生岗位动手能力培养。

目前，学校已与宇通客车、海尔集团、中联重科等140多个省内外知名企业建立合作关系，累计开设了"怡亚通精英班""中联重科工程师班""长城汽车工程师班"等57个企业订单班，定向培养学生2430人次，有效助推了毕业生精准实习和品牌就业。

课程调整优化后，就是着力推进教学改革。因为教学质量的好坏，直接关系到高校人才培养质量的高低。目前，大学课堂上的"低头族"现象越来越严重。传统的授课模式是"先理论、后操作、再实践"，类似的模式在高校中普遍存在。"最乏味的还是专业理论课，老师对着PPT讲得口干舌燥，我们听得昏昏然，有的同学还偷偷玩手机。"一位大四学生回忆他上理论课时说。学生被动接受知识，学习热情不高，加上企业技术更新换代较快，而教材内容却更新滞后，跟不上实际需要，课堂教学改革势在必行。

2017年教师节前夕，教育部党组书记、部长陈宝生在《人民日报》撰文指出，坚持内涵发展，加快教育由量的增长向质的提升转变。把质量作为教育的生命线，坚持回归常识、回归本分、回归初心、回归梦想。深化基础教育人才培养模式改革，掀起"课堂革命"，努力培养学生的创新精神和实践能力。这篇文章吹响了"课堂革命"的号角。

没有一成不变的人才培养模式，再先进的指导思想、教学方法也会落伍，因此，民办大学必须把握规律，顺应时代发展潮流，不断做好调整。学校教学改革一直是刘文魁牵挂的事情。他认为，课堂教学要以学生为中心，广泛开展启发式、案例式、研讨式等教学模式，让学生主动思考，让学生学会自主学习、合作学习。"课程范式应从教学型课程转向学习型课程，教学范式应从教师中心、教学中心转换到学生中心、学习中心，学习范式应从课堂学习到网络学习再到混合学习"。郑州科技学院的课堂教学改革开始为一线教师赋权，让每一位教师有自主改革的空间，让改革发生在每一位教师身上，发生在每一节课堂中。

对教学改革可能出现的问题，刘文魁有着清醒的认识。他始终坚持一种"纠偏思维"，即既要警惕教师在课堂上的强势垄断地位，也不过度放大学生的主体地位。正像教育家陶行知曾说的，教育要防止两种不同的倾向：一种是将教与学的界限完全泯除，否定了教师主导作用的错误倾向；另一种是只管教，不问学生兴趣，不注重学生所提出问题的错误倾向。前一种倾向必然是无计划，随着生活打滚；后一种倾向必然把学生灌输成烧鸭。

"学生爱不爱听课，一方面是跟授课方式有关，另一方面和老师有着直接的关系。老师自身素质的高低对于学生有着直接的影响。"学校教务处处长刘亮军坦言。在一次创业课中，老师把如何创业讲得头头是道，学生听得也很认真，一名学生突然问："老师，你都创立过什么公司，能给我们讲讲吗？"这句话让老师非常尴尬，因为这名老师真没创过业，授课内容都是网上下载的。这种创业课，让学生难以信服。

为了定向化、精准化培养应用型人才，学校深入社会了解人才需求，邀请专家教授、企业精英、政府领导经过反复商讨论证，在专业设置方面坚持与地方经济接轨，先后与河南中机联教育发展有限公司共建"智能制造学院"，与河南云和数据信息技术有限公司共建"泛IT学院"，与怡亚通供应链股份有限公司共建"全球供应链与跨境电商学院"，与郑州市人力资源和社会保障局创业指导中心共建"创新创业学院"。刘文魁说："四个创新学院的建立，是立足地方经济发展需要，与社会知名企事业强强联手，有利于形成教学优势和师资队伍优势，实现资源共享，带动新工科建设，提升学院应用型人才培养的整体动力。"

四个创新学院均由企事业方委派最优秀的工程师或企业主管担任授课教师，他们不但对学生进行授课，同时还承担着"双师型"教师的培训任务。四个创新学院的建立，像鲶鱼效应一样，打破了传统的教学模式。

近年来，郑州科技学院从教学内容、教学方法和教学手段等方面全面推进课程教学改革，实施高等数学、大学英语和大学物理实验等课程的分类教学改革，强化基础课程对工程应用能力提升的针对性；结合行业发展的新动向和专业技术的新应用，组织修订教学大纲，及时更新课程教学内容；依托行业学院和合作企业，引入企业成果，并使之与学校课程深度融合，使课程教学与企业需求紧密对接，两年来，更新课程和开设企业专项课程累计达150余门；分别引进和使用超星、智慧树慕课教学平台，同时自建在线教学平台和网络仿真实验平台，组织优秀教师开展在线课程开发，形成了课内课外和线上线下的全方位教学环境，选修课程大幅增加，有效扩展了学生学习的时空维度，促进了自主学习。

学校为学生自主学习提供方便，助力考研学子，实现学生的深造梦想。"学校有专门的考研自修室，允许我们暑期留校学习，并且开设考研辅导班，学习累的时候有老师鼓励，学习有困惑的时候有老师指导，目的就是让我们考研的学生能够一举成功。"机械工程学院考上研究生的学生祝丹丽说。为了帮助越来越多的学生实现考研梦，带动更多的大学生考研，学校各个学院每年都要举行考研动员会、宣讲会、座谈会等，让学生早日树立正确的考研观，了解考研相关流程，及早掌握相关课程学习方法。同时针对学生如何选择考研复习资料、如何安排考研复习进度、如何选择考研院校和专业等问题，各学院都进行了全方位的解答。

刘文魁认为，郑州科技学院无论发展到什么程度，有三门课不可不教：自学的方法、实践的能力和创新创业的精神。所以，郑州科技学院多年来坚持第一课堂与第二课堂互为补充，相得益彰。第一课堂注重培养学生政治鉴别能力、专业知识能力、实践动手能力、语言表达能力、科学研究能力。第二课堂注重培养学生的组织管理能力、协调能力、创新能力、写作能力，自主学习能力，培养勤动脑、善思考、会创新的应用型人才，打破了重学术、轻技术，重理论、轻应用，重知识、轻能力的人才培养模式。

因为课程的重构以及教学的优化，郑州科技学院涌现出了一批优秀学生。2010年，信息工程学院陶丽和常玮然同学在全国大学生英语竞赛中，分别获得本科组一等奖；2011年，在全国大学生英语竞赛中，工商管理学院曹清华和机械工程学院张晨晨同学荣获本科组一等奖，电气工程学院谷鑫同学荣获专科组一等奖；在全国大学生物流管理、企业经营管理沙盘模拟大赛中，学院代表队获得河南省赛区总决赛团体一等奖。2012年，信息工程学院孙向同学在河南省第一届大学生机器人大赛中获机器人舞蹈项目比赛一等奖，王鹏远、张自鹏、栗海燕三位同学获机器人灭火项目一等奖。

教师强则学校兴

2018年3月8日，由世界舞蹈总会（WDC）及亚洲舞蹈组织联合会主办，中国、日本、韩国、中国香港、中国台湾等承办的2018年WDC国际标准舞亚洲巡回赛在上海举办，来自世界20多个国家和地区的顶尖"舞林高手"同台竞技。作为河南高校唯一被大赛主办方邀请参加的代表队，郑州科技学院国标舞系学子在大赛中斩获50项大奖，其中有7对选手获得冠军。22天后，国标舞系选手参加了第九届怀柔国际标准舞艺术节暨2018第20届院校杯公开赛，又一举斩获20项大奖，并有两对选手以优异成绩入选国家青年队。

国标舞系于2014年成立，为何能够在短短的四年时间里不但摘取国内专业赛事的桂冠，而且还走上了国际比赛的舞台？刘文魁很清楚，这些成绩的获取得益于国标舞系的高水平的师资队伍。这支优秀的团队由5次获得亚洲职业拉丁舞冠军的张少杰和戴荔领衔，有亚洲职业摩登舞冠军的张浩、宋晓蓉老师，有曾获得中国拉丁积分赛总冠军的郭俊、桑倩老师，还有现役的职业摩登舞选手王帅、郭康莉以及专业芭蕾院校毕业的代芮鹏、郭雯4位老师。其中，张少杰和戴荔两位老师不仅有7年专业院校的训练学习、6年出国深造的经历，还曾连续5年获得亚洲职业拉丁舞冠军，并被中国舞蹈家协会名誉主席贾作光授予"青年舞蹈家"称号。

大学之道，在于育人；育人之道，在于名师。师强则学子成才，师惰则误人子弟。但是，师资队伍建设一直是民办大学发展的一大软肋。民办大学的师资来源主要有：公办院校的退休教师、大学应往届毕业生和兼职教师等。专职教师一般以青年教师为主，或是从毕业生中择优留校的，或从一般普通高校毕业生中招聘来的，学历层次不高，教龄较短。专职教师中也有一定数量的高职称教师，但多是从公办学校退休下来的，中年的骨干教师很少，队伍的年龄结构呈两头大中间小非正态分布。这在一定程度上反映了当前民办学校教师队伍的状况。

为优化教师队伍结构，加强教师队伍建设，郑州科技学院着重引进教授、博士和企业工程技术人才，先后引进各类高层次人才160余人，极大改善了教师队伍结构，使教师队伍组成实现由单一向多元转变。教师队伍中现有河南省教育厅学术带头人、河南省高等学校青年骨干教师资助对象、郑州市特聘高层次人才、郑州市学术技术带头人等近100人，教师队伍教学水平和科研能力整体得到大幅提升。

同时，学校在河南省率先成立教师发展中心，注重教师职业发展与培养培训，贯彻"立足国内、在职为主、加强实践、形式多样"的培养原则，形成了系统的教师培养"131"模式，即"一个核心铸师魂、三个系统培训奠基（岗位胜任系统培训、专业发展系统培训、团队协作系统培训）、一个目标固本"的教师培养模式。这个模式的核心是师德师风建设（铸师魂），基础是三个系统性培训，根本目标是促进教师发展。

学校广泛开展新任教师岗前培训、在职教师全员培训、精品课程网络培训、教师实践能力培训、中青年骨干教师培养、教学团队培育、导师制单科培养、本科专业带头人培养、资助博士学位进修等一系列教师发展工作。学校高度重视提高青年教师的素质和能力，主要通过把"三关"（面试关、试讲关、学生认定关）和"三评一展"（教务处督导办评、院系评、学生评、展览教案）的活动及老教师传帮带与参加校外学术交流活动相结合的办法进行培养，促进了青年教师快速成长。年终还对一些在教学科研方面取得突出成绩的教师给予精神和物质奖励。学校还培养了一批尽职尽责的辅导员队伍，他们真正成了学生思想上的点灯人、学习上的摆渡人、情感上的守护人、生活上的勤务兵。

优秀的教师对学生来说，课前是一种期待，课中有一种满足，课后有一种留恋。为促使青年教师向"双师型"教师转化，学校定期组织教师到同类高校和大型企业考察学习交流，安排专业教师到对口企业或生产第一线参加实践锻炼，鼓励广大教师参加专业技能资格考试和技能比赛，在教师中形成一带一、老带青的培养模式，促进教师队伍素质的整体优化，为提高人才培训质量和教学水平打下坚实的基础。

在此基础上，开始在企业建立"教师工作站"，在学校建设"企业工作站"，定期派驻教师进站提升；积极引进和聘请企业能工巧匠和优秀的工程技术人才到学校承担教学工作，指导专业实践，形成了校企双方交流互动的良好机制，促进教师队伍多元融入，优化教师队伍"双师"结构。学校教师通过参与企业生产、管理，联合开展应用技术研究和技术服务，指导学生企业实习等方式，教学水平得到较大提高。企业人才通过承担教学任务，参与实践教学，将企业的新技术、新要求和新理念融入人才培养当中，有效提升了人才培养水平。

近年来，教师已参与企业实践500余人次，企业人员进站工作近200人，真正实现教师既会讲也能做，既有理论水平，更会技术创新，有效促进了教师"双能"提升。教师先后获河南省师德先进个人、河南省优秀教师、河南省民办教育系统师德标兵、郑州市优秀教师等各级各类荣誉700余人次，4个教学团队被评为郑州市优秀教学团队，两个教师工作室被评为郑州市名师工作室，形成了教师发展的长效机制。

增强了师资力量后，学校开始突破科研工作的瓶颈。2012年下半年，也是郑州科技学院开始本科教育的第四年，就在全体郑科人都在埋头抓教学质量的时候，刘文魁提出了在狠抓质量的同时，从组织和管理体制上启动科学研究工作。他认为，科研是人才质量的保障，是提高教学质量的原动力，是开展研究生教育的必由之路。

相对公办高校，民办高校的科研发展相对缓慢。原因之一就是科研意识薄弱，多数民办高校对科研的定位认识不足，认为民办高等院校应定位在教学型高校，以教学为中心，认为只要把课本上的专业知识和基本的专业操作技能传授给学生，使学生顺利地进入就业市场即可。只要把教学工作做合格，搞不搞科研都无所谓。有些教师做科研带有功利性，或为评职称，或为资助经费。

学校科研处处长杨绪华一直从事科研管理工作，当时与大多数同事的认识是一致的：缺力量、没精力、环境较差、条件不足，畏难情绪很大。但是，事情确定了，会议宣布了，岗位设立来，人员配齐了，科研处正式成立，只有在不断的鼓励下硬着头皮上。通过不到六年的共同努力，来的不同渠道的有效数字表明，郑州科技学院的科研工作与教学质量已在河南民办高校中名列前茅！

学校制定的策略是"以科研促教学，以教学带科研"。同时，采用"项目驱动"教学模式，鼓励学生自选或者主动参与教师的科研项目，并为其提供场地，配备指导教师。明确的科研定位，不仅促进了教师在科研上有更多的动力和获得感，同时，让学生参与到科研中去，提升带动作用非常明显。

2016年，刘文魁提出，学校不仅是为社会培养有用的人才，科研成果要向社会转移转化，要为地方经济发展做贡献。于是，学校从组织、制度、政策上给予保障，投入力量，成立了成果转化孵化办公室、技术转移服务中心等机构。

学校的科研定位就是有所为有所不为，面向基层，为中小企业解决难题。

学校聘请一些老牌大学的离退休科研专家做学科带头人，以老带新，集中全校力量做科研及成果转化工作。经过一年多的努力，学校服务的企业和团队有20余家（个），学校被授予省市两级技术转移服务机构，获得省市两级三个类型的科普平台。对外服务和合作取得共赢，企业得到实惠，学校的人才培养条件和环境得到提升。

近年来，学校先后结合河南地方产业聚集区骨干企业，成功转化了"一种基于LED发光芯片的微小物体取证显示系统""一种便携式电池组故障测量判断装置"等一批应用型成果，通过承担河南省产学研合作项目、横向委托服务等方式，先后为东方食品机械集团、郑州科兴电子信息科技有限公司、河南省星斗电子科技有限公司、郑州路宏铁路器材有限公司等几十家企业提供技术开发与服务。截至目前，学院共签订横向合作经费576.13万元，获得开发经费504.38万元，企业、政府咨询服务经费37.75万元，技术转让服务经费54万元。政府技术转移资助经费130万元。一批先进的技术成果为企业转型升级和产品研发提供了有力的科技支撑。

学校自主研发的科技项目"互联网农作物生长环境监测系统""基于SOA架构粮食产业一体化管理系统""跨境电子商务交易系统"于2018年8月25日正式接受第三方科技成果评价机构测评。据评审专家介绍，此次测评包含项目的工作质量、学术水平、实际应用和成熟程度等。经过专家组全面审核，郑州科技学院三个科技项目均顺利通过科技成果评价。这三个科技项目，系统设计合理、技术先进、实用性强，技术均达到国内领先水平。

2018年9月，河南省教育厅公布了"2018年度河南省教育信息化优秀成果获奖名单"，郑州科技学院荣获两项一等奖，《高校信息化发展水平评估指标体系》获理论研究类一等奖，《基于微信接口即插即用微服务门户应用》获应用创新类一等奖。

牵手郑州大学

2014年8月，郑州科技学院与郑州大学正式签订全面战略合作协议。有媒体报道说，这一合作开创了国内公办高校对口支援民办高校的先河，为地方民办高校转型，服务区域经济和社会发展，培养高素质应用型人才探出了一条新路。

郑州大学是"省部共建"全国重点大学，首批国家"双一流"大学、"211工程"高校、中西部"一省一校"重点建设高校，以及"海外高层次人才引进计划""卓越工程师教育培养计划""国家大学生创新性实验计划"入选高校。这次两校建立全面战略合作关系，是响应教育部、国家发改委、财政部三部委关于《中西部高等教育振兴计划（2012—2020年)》中"推动中西部高水平大学对口支援省域内地方高校，发挥部属高校优质资源辐射作用，实现省域内高校资源共享、优势互补，提升高校办学整体水平，促进省域内高校协调发展"的号召而采取的合作。

实际上，两校有着多年的友谊，领导层交往密切，关系融洽。两校同在郑州市区的西部，南北相对，相距只有10公里，一条大路连接两校，交通便利。早在2001年，九三学社郑州大学委员会就与郑州科技学院签订了共建协议，从此两校在相关领域实现了资源共享、相互协作、协同发展。2013年，在两校还未签订合作协议时，郑州大学机械工程学院研究生创新实践基地就在郑州科技学院落户，迈出了研究生交流的第一步。随着合作的深入开展，两校进行双导师联合培养硕士研究生。郑州大学还帮助郑科院开展硕士研究生学位授权点申报及建设工作，助推申硕工作快速发展。

郑州科技学院创新思路，引入"源头活水"，与郑州大学正式牵手，建立了全面合作关系，在教学改革、师资培养、科研学术、创新创业、研究生培养、学生管理等方面展开全方位校际合作，内容涵盖学校的方方面面。合作四年来，取得了丰硕的成果。

首先在教学和师资培养上，郑州大学高水平的师资队伍、完善的教学管理制度、最前沿的教学信息等，给郑州科技学院提供了良好借鉴。郑州科技学院聘请郑州大学高水平教师授课或讲座，以及派出本校教师到郑州大学进修学习，提高教师的理论水平；两校教师共同开展课题研究，提高教师的科研能力；共建课程体系，打造精品课程，提高教师的课程建设能力。郑州大学的帮扶指导很大程度上提高了郑州科技学院教师的授课水平和学生的专业技能，扩宽了学生的就业渠道，不仅促进了郑州科技学院教学质量的提高，而且促进了学校健康快速的发展，让青年教师有了归属感，也进一步稳定了教师队伍。

"我们马克思主义学院和郑州大学马克思主义学院在两校合作的基础上，也签订了对口合作协议，在课程建设、队伍建设和学科建设上有着更为详细的合作，每个教研室都有对接。"马克思主义学院院长王振国说。学校马克思主义学院年轻的教师还通过参与郑州大学马克思主义学院的思想政治理论课教师集体备课会，共享他们的优质教育资源，提高了思想政治理论课教学水平。青年教师朱天玉在申报国家级课题中，郑州大学的两名教授在选题和可行性分析、研究方案的形成与撰写、申报与立项中，都给予了无私的帮助。

通过这种传帮带的形式，让青年教师在科研中脱颖而出。

郑州科技学院音乐舞蹈学院在每年举办的青年教师基本功汇报演出中，郑州大学音乐学院都选派专家教授亲临汇报现场，观摩点评，把脉问诊，并就青年教师教学科研水平提升、舞台艺术实践等问题展开深入研讨。音乐舞蹈学院副院长牛延龙说："郑州大学专家的参与，改变了我们相对封闭的工作模式，对我们教师的业务素质的提升有很大帮助，特别是专家们扎实丰厚的学识、谦逊务实的作风更是值得我们年轻人学习借鉴。"

机械工程学院院长刘军说："我们在与郑州大学共同培养研究生的过程中，积累了研究生培养的宝贵经验，为以后培养自己的研究生打下坚实基础。"

与郑州大学全面合作以来，学校的办学水平、人才培养质量、科研水平更是大幅提升，教学质量工程位居全省民办高校前列，教师综合能力得到显著提高。依托郑州大学优秀教师的帮扶带，青年教师的业务水平和执教能力

郑州大学与郑州科技学院正式签署战略合作协议

得到提升，四年来有近百名青年教师晋升副高级职称，教研成果创历史新高，科研成果成倍增加；创新创业教育实践平台建设领先。近两年学生参加学科竞赛获奖数量增加，级别也越来越高。学生主持或参与省市级科研项目15项，其中"3D彩色打印装备及过程自动控制系统"被列为省教育部门重点攻关项目；申报专利12项，发表论文50余篇，获得省级以上学科竞赛奖项700多项，获奖学生人数达1260余人次。

合作以来，郑州科技学院拥有省级重点建设学科等教学质量工程项目近20个，其中，河南省重点学科建设点3个、省级特色专业2个、综合改革试点专业4个、民办教育品牌专业7个、省级示范性实训基地1个、省高校工程技术研究中心1个、省级实验教学示范中心3个、省级示范性实训基地1个。学校还与政府、企业合作，筹建了4个应用工程学院，荣获了全国民办高校创新创业教育示范实践实训基地建设奖。

2018年3月份，河南省教育厅下发《河南省教育厅关于公布第九批河南省重点学科名单的通知》，王书伟教授为带头人的"电力电子与电力传动"和邵杰副教授为带头人的"计算机应用技术"被确定为河南省二级学科重点学科。

针对郑州科技学院与郑州大学的合作，《河南日报》报道认为，两校的牵手已成为"河南高等教育领域校校合作的典范"。

"处在教育改革的关键时期，仅凭一己之力毕竟有限，加强和实力雄厚的郑州大学合作，我们可以直接学习到他们先进的教育经验。两校携起手来，可以为社会共同培育更多的应用型人才。"刘文魁说，"我们学校之所以最近几年得到快速发展，一方面得益于国家政策的支持，另一方面得益于与郑州大学的全方位合作。"

智者当借力而行。郑州科技学院通过与郑州大学的战略合作，实现了借力发展、借力创新、借力转型，为学校的内涵发展注入了新的动力。

擦亮工科品牌

已经留校工作的宋海涛曾经是郑州科技学院的"明星学生",被媒体报道为——吃住在实验室的"新工科男"。

一年前,还是大四学生的宋海涛每天早上6点起床就跑到实验室,晚上能待到一两点钟,除了在教室上课,剩下的时间全泡在了实验室。在他心目中,实验室才是自己在大学的最爱。大一刚入学,与外界接触较少的宋海涛原本以为能修个电脑就不错了。到了下学期,学校实验室招新,他应聘成功,开始有机会走进实验室。他最终选择了留在数控创新实验室。在实验室里,宋海涛一下子被吸引住了,这里有太多他不会操作却感觉很有趣的设备。

大二时,他开始着手做五轴机床,当时社会上一台五轴机床要几百万甚至上千万元。他上网查阅资料,泡图书馆翻书。学校为他一路开"绿灯",还专门给他配了实验室的钥匙,这让他随时可以出入实验室。就这样,他开始了三年吃住在实验室的研究生活。

大三时,宋海涛摸索着做出了一台小型的五轴机床。"用了整整一年的时间,其实当理论知识积累到一定程度的时候,这个事就没那么难了。"宋海涛说,"把五轴机床做出来后,一些厂商非常感兴趣,我还曾应邀给不少企业提供上门服务。"

他曾经到济南一家专门做五轴设备的企业做技术指导。这家企业把设备做出来了，可能是模仿国外的大机床，一些秩序无法兼容，一直无法使用。宋海涛去查看后发现是编程出了问题。五轴机床包括三个部分，即控制系统、机械部分和编程系统。他说："这家企业购买了别人的控制系统，已经解决了；机械部分模仿别人，也解决了；但是编程这一块始终解决不了。"最终，宋海涛帮助这家企业解决了难题。

大四的时候，在学校的帮助下，宋海涛创办了河南德固自动化科技有限公司。经过努力，现已发展成为一家集研发五轴、七轴、九轴等多轴智能数控机床为一体的高科技公司。主要经营自动化生产线、工业机器人、数控系统、数控设备的技术研发、制造和销售。其中，智能数控机床广泛服务于玉石雕刻、车模造型等领域。

"能取得这样的成绩，主要得益于学校数控实验平台，这个平台工具很全，更重要的是在学校攻克理论知识时，还可以跟一些真正的技术大咖讨论有关五轴机床的问题。"宋海涛说。

刘文魁对宋海涛很欣赏，在他身上看到了自己年轻时的影子。因为专业和技术过硬，宋海涛2017年毕业后破格留校任教。如今，他经常被企业邀请去帮助解决五轴雕刻加工工艺、CAM等问题，成了业内小有名气的"技术能手"。

这正是刘文魁一直追求的教育效果。他希望有更多像宋海涛这样的教育创客的创意变成可操作、能落地的项目与课程。

升本之后，刘文魁开始再次思考学校的定位问题。定位是事关"上下"与"左右"的问题。所谓"上下"，意思是学校定位准了，就会发展得好，就"上来"了。反之，学校定位出了问题，就可能"下去"。定位关乎"往上走"还是"往下走"。定位还事关"左右"的问题，是关于向左走还是向右走，这就是转型。

定位就是要做出取舍，再不能什么都去做，所以，学校确立了"一主多元"的发展思路。"战略就是做什么，不做什么，有时候不做什么比做什么更重要。你的优秀到底在哪里？最终，每一所学校都要回答好这个问题。"刘文魁说。

工科出身的刘文魁自然对工科教育情有独钟。从少年求学时在自己胳膊上文了一个"工"字开始，就注定了一生与工科有关。所以，刘文魁从一开始就下定决心建设一所以工科为特色的大学。

升本后的郑州科技学院既在层次上区别于专科教育的技能型，又在人才培养上区别于研究型大学的精英化，顺应高等教育大众化的趋势，确立了应用型本科大学的办学定位。学校明确了"以工科教育为主体，以民办机制为优势，以开放办学为途径，以提升质量为根本"的发展思路，构建了以工学为主，经济、管理、艺术、文学、教育等多学科协调发展的专业布局。

"办学难，办大学更难，办工科难上加难。"众所周知，办工科大学需要相当多的教学仪器设备，投入赏金比文科类大学要多很多。刘文魁根据市场需求，立足地方经济发展，侧重学生动手能力和综合能力的培养，打破了"重学术、轻技术，重理论、轻应用，重知识、轻能力"的传统育人模式，毅然选择以工科为主。

2010年年初，在中国民办教育协会高等教育专业委员会成立大会上，有专家指出，专业设置偏重文科且相互雷同的低成本扩张之路，把中国民办高校带入了水深火热的"红海"。由于文科类专业办学成本低，国内绝大多数民办高校的学科设置主要集中在外语、经济管理、旅游、会计等文科专业，以及个别应用范围较广的学科领域。而这些专业恰恰是市场上最难找到工作的专业。据了解，仅福建省的民办高校共设有100多个专业，其中，90%是文科类专业。

郑州科技学院办学30年来一直在不断擦亮工科教育这张名片。依据全新的定位，过去的校徽并不能清晰地表达学校的特色。学校需要新的符号来表达工科定位的特色。于是，2017年，新校徽的发布标志着郑州科技学院工科品牌的进一步强化。

央视推出的《大国工匠》系列报道，讲述了八位"手艺人"的故事：有在中国航天事业中，给火箭的"心脏"——发动机焊接的第一人高凤林；有载人潜水机上被称作"两丝"钳工的顾秋亮；有高铁研磨师宁允展；有港珠澳大桥深海钳工管延安；有捧起大飞机的钳工胡双钱；有錾刻人生、为APEC会议制作礼物的孟剑锋；殷瓦焊接技工张冬伟；还有捞纸大师周东红。他们文化不同，年龄有别，但他们都拥有一个共同的闪光点——热爱本职，敬业奉献。靠自己的勤奋钻研、实干和敢于探索的精神，凭着专注和坚守，最终成为国家级高级技师。

平时很少看电视的刘文魁对《大国工匠》情有独钟。他知道，这些被人们褒扬的工匠们之所以走入镜头，并非他们有多么高的学历和收入，而是他们能够数十年如一日地追求着职业技能的极致化，靠着传承和钻研，凭着专注和坚守，缔造了一个又一个的"中国制造"。刘文魁眼中的工科品牌，就是未来从郑州科技学院能走出一批具有工匠精神的高级人才。

学校将实践能力培养作为应用型人才培养的重点，持续投入大额资金完善实践平台建设。学校建立了大学生创新实验室，实行"学生主体、项目驱动、开放式运行"的管理模式，在全校范围内广泛开展科技创新活动。在教师指导下，近年来完成3D打印、智能机器人、虚拟动漫、数控机床故障诊断与维修、智能物联等创新项目500多项，大部分项目在各类学科竞赛中获得优异成绩。

为了使专业布局更加契合人才培养需求，学校围绕中原经济区、郑州航空港区、河南自贸试验区建设等国家战略，成立了由政府、高校、企业和行业专家组成的学科与专业建设指导委员会，全面征集经济社会发展的用人需求，打造多学科协调发展的学科专业布局。

为进一步加强工科品牌特色建设，学校先后与新西兰、美国、澳大利亚、德国等国家的高校有过合作。通过这些合作，在课程改革、学术交流、教师互派、海外实习等方面不断探索并创新合作与交流模式，这种国际化办学之路让学校的综合实力得到进一步提升，同时也提高了学校在国内外的知名度、影响力和竞争力。

学校与德国的一个教育集团、郑州高新技术开发区签订了合作办学协议。三方共同成立了一个中德培训中心。该中心按照德国的教室布置、授课方式、实训基地，打造教育理念先进，拥有一支教学经验丰富、高职称、双师型的专职教师队伍，邀请德国专家到学校授课。中心的办学运作参照德国联邦职业教育研究机构指定的职业教育的教学计划实施教学，培养高质量的应用型人才。德国先进的教育理念和行为模式，打开了学校应用型人才培养的国际视野，促进了学校向更高水平、更深层次发展，助推了产教融合、校企合作、协同育人模式向新的格局进一步迈进。

"合作办学不只是两所大学的简单相加，而是相互促进、共同提升的过程。"刘文魁说，"不管是叫牵手也好，叫联姻也罢，民办大学开办国际合作办学项目，主要是为了引进国外优质的教育资源、特色的课程和教育方式，为学生成长服务，为工科特色建设服务。"

为大学生创新创业赋能

与就业相比，创业显然是一个"窄门"。但郑州科技学院却为有创业想法的学生打开了这扇窄门。

创始人刘文魁本身就是一部创业的教科书。这是天然的创业教育资源。他认为，大学生当前创新创业最大的问题不是技术攻关和资金问题，而是社会如何为大学生提供一个有利于创业创新的发展平台和成长的沃土。

3D打印机升级研究，是郑州科技学院大三学生黄子帆和他的科研小团队主攻的一个项目。2017年，学校给他们拨付项目经费50多万元。在接受《河南商报》记者采访时，黄子帆说："非常感谢学校拿出50多万元经费支持我们的研究，这笔科研经费实在太给力了！"

"场地支持、资金支持、技术支持"，郑州科技学院的"三支持"让不少学生在创新创业过程中如鱼得水。"引导和支持学生创新创业绝不是一句空话，既要有制度保障又要有具体的行动支持。"刘文魁说。为提高学生创新创业能力，学院于2013年出台了《大学生科技创新研究管理方法》，从场地、资金、技术等方面给予扶持。

2015年，黄子帆和他的团队研发的"桌面彩色3D打印机"荣获"2015年全国青少年科技创意"大赛青年组一等奖，黄子帆也被评为"全国十佳创意之星"。2016年，该项目又一举夺得第十届北京发明创新大赛金奖，这些荣誉，令这个默默无闻的民办大学名声一振——1800多个参赛项目，仅有两所高校获金奖，另一所是清华大学。

黄子帆一直对3D打印机比较感兴趣，但苦于无资金、无场地、无设备，研究一直没有进展。刘文魁得知后，召开专门会议进行研究，最终决定拿出50多万元作为科研经费支持黄子帆创业，并腾出单独房间作为实验室，配备专业指导教师。

像黄子帆这样受到学校支持的学生还有很多。机械制造学院学生宋海涛在学校的帮助下，创办了河南德固自动化科技有限公司，现已发展成为一家集研发五轴、七轴、九轴等多轴智能数控机床为一体的高科技公司。电气工程学院学生侯志宇利用自身专业优势，创办的创宇电子维修工作室，每年可以获得近20万元的利润，曾获得河南省人社部门拨发的"大学生创业项目扶持资金"还没毕业就成了"企业家"。工商管理学院大学生毛海阔创办的郑州郑科电子商务有限公司，每年获利近10万元，并带动身边不少同学走上了创业之路。

为帮助更多像黄子帆、宋海涛这样的年轻创客的梦想从概念走向现实，给在校大学生的"双创"提供场地，2013年，学校投资兴建1500平方米的"大学生创新创业园"。在此基础上，2014年建成两万多平方米的"众创中心"，成为集创新创业教育、技能培训、项目孵化、创业实践为一体的创新创业综合体，具有创业平台、创新平台、科研平台、服务平台四大功能，形成了"创意—创新—创业—产业"全链条孵化。

据大学生创新创业园主任王涛介绍，园区容纳商贸、电子、信息技术、产品加工、社会服务五大类型21个经济实体，因效益突出，已升格为郑州市大学生创新创业名孵化园区。目前，创业园已孵化学生项目50多个，带动就业人数220人，覆盖19个本、专科专业。

"众创中心"设立的创业苗圃区，是专门为具备创业意识和有一定创业基础的学生创业团队定制的活动区域；创业孵化区是针对学生的创业实体给予扶持；创客空间区则是创新项目的研发与创业平台；创业服务区为创业者提供创业政策指导、创业项目实施等服务。有创业想法的学生可以直接拎包入住学校的众创空间。学校还每季度举办一场项目路演、每月一次创业沙龙、每周一次创业主题培训。

学校集聚政府资源，在校内设置了知识产权服务站、科技成果转化服务站、创新创业管理办公室，为创客提供工商、财务、税务等"一站式"服务，先后协助近百家大学生企业完成工商注册及税务登记手续，协助50余家大学生企业完成科技型中小企业备案。

2013年11月，刘文魁召集人员要组建一个新的部门——科技开发应用中心，也就是创新创业管理办公室的前身，申晓东参加了这次会议。在那次长达三个小时的谈话中，刘文魁系统阐述了他的新的人才培养模式构想：加强创新创业教育，搭建实习实训场地，创建科技创新、创新创业平台，加大科技成果孵化和转化力度，把创新创业贯穿整个人才培养全过程。

这个人才培养模式概念也贴合了之后2015年李克强总理在《政府工作报告》中提出"大众创业，万众创新"，将创新创业提升到国家战略决策。李克强在公开场合发出"大众创业、万众创新"的号召，最早是在2014年9月的夏季达沃斯论坛上。随后，郑州科技学院的本科教育围绕这个人才培养模式富有成效地铺展开来。

学校设立的大学生创新创业基金，为"校园创客"提供高层次的技术支撑平台以及多元化的资金支持。几年间，大学生创业基金先后为40多名大学生提供创业资金支持。

学校规定，对于立项的大学生科技创新创业项目，学校提供场地和店面装修费、前期材料费、前期资金周转费等经费支持。同时，各院系为有创新创业项目的大学生安排指导教师，在专业技能、报批手续等多方面为学生提供帮助和指导，并聘请有创业经验的往届毕业生担任兼职创业导师，给师弟师妹创新创业提供智力支持。

学校开放了10个综合性创新实验室，且就大学生研发的机器人、3D打印技术、数控光伏发电技术等多项成果，已与省内数十家企业签署了合作协议。在学科竞赛和平台孵化这两大试金石的打磨下，一大批优秀学生脱颖而出，成为创新创业中闪闪发光的"金子"。目前，自己创业"找饭碗"的毕业生越来越多。

刘文魁说："打好学科竞赛和平台孵化这'两场仗'，在实战中既检验了创新创业人才培养质量，为'双创'教育提供了教学参考，又提升了大学生的创新创业能力，为他们将来的发展提供了宝贵经验。"

学校坚持"面向全体，培育精神；立足专业，彰显特色；强化实践，突出创新"的创新创业教育理念，构建了完善的创新创业课程体系。近年来，学校开设了以《大学生职业生涯规划与就业指导》和项目引领式《专业导论》为必修课程全过程实施的创新创业启迪教育，以《创业基础》和《创新能力》必修课为主干的创新创业基础教育，以及全员覆盖的以GYB、SYB培训为主的创新创业实践教育和突出专业特点的创新创业专业教育。

学校不仅将创新创业教育课程列入教学计划，还在选修课程和第二课堂方面做好创新创业教育延伸，形成了覆盖公共课与专业课、必修课与选修课、理论课与实践课的创新创业教育课程体系。实施第二课堂专业素质学分认定制度，对创新创业成果进行学分认定和转换。同时与郑州市人力资源和社会保障局创业指导中心建立合作关系，人社局每年选派20余名专家对学生开展GYB、SYB创业教育培训，定期开展创业活动研讨、创业项目路演与创业指导讲座等。2015年培训学生5290人，取得创业培训合格证5196人；2016年培训学生达到5346人。创业培训让大学生们对创业实践的认识、创业方法和技能方面的知识都有了很大提高。

刘文魁把创新创业教育用"三部曲"来形容：第一部是围绕学生新思维，注重对学生创新创业意识的培养，将创业教育作为专业课程的一部分，进行"嵌入式教学"；第二部是面向企业新需求，将创新创业教育融入专业人才培养的全过程，做到"渗透式教育"；第三部是紧跟产业新布局，重视创新创业实践平台的搭建和创新创业能力的培育，做到"创新式培养"。

这"三部曲"立足学生专业课程，对学生进行全方位、立体化"双创"培养，由浅入深，步步推进。

经过探索、总结与细化，学校逐步确立了"课堂教学—实践教学—技能实训—创业实践—指导帮扶—文化引领"六位一体的创新创业教育体系，使"双创"教育体系进一步健全，学校把创新创业教育纳入学校的人才培养方案，建立了较完善的创新创业教育管理制度，取得了良好效果。

近年来，学校先后被授予"河南省高校众创空间""河南省众创空间""河南省创业孵化示范基地"等荣誉称号，被河南省教育厅评为"河南省就业创业课程建设优秀高校"，成为由教育部、清华大学组建的国家级智库"中国高校创新创业教育联盟"理事单位。2017年，学校立项省级"大学生创新创业训练计划"项目9项，教育部项目1项；国家级学科竞赛获奖比2016年增长97%。创新创业教育取得明显成效。

在帮助在生创业、为志在创业的学生"精准赋能"方面，学校还充分利用已经走上创业之路的校友资源，邀请创业的校友回母校给师弟师妹授课。

1999年毕业的朱树金，经历过三次创业。如今，他创办的郑州市点石房产营销策划有限公司，现有员工300多人，资产逾亿元。

在朱树金眼中，董事长刘文魁是他的恩师，是自己做事业的楷模。1996

年，朱树金只身一人来到郑州求学，在郑州科技学院两年的学习改变了他的命运。"离开学校时间越长，对学校的感情就越深。"很难想象，当年如果没有来到郑科院，自己的人生会是什么样的？"这个问题，朱树金的确设想过。"如果没有在郑科院的几年学习，自己估计很难离开那片黑土地，是郑科院让我的人生有了转折。所以，我们这些当年的落榜生对学校的感情是不一样的。我们在学校不在于学到多少知识和技能，而在于获得了走出来的机会，让一个农民的孩子走到城市创业成为可能"。

最近这些年，朱树金经常回到母校给学生讲授自己的创业心得。关于创业，朱树金说，创业不仅需要激情，更需要经验的积累。他希望学弟学妹们能先就业再创业。在年轻的时候要积累的不是资金，而是失败了N次以后依然敢于继续去尝试的勇气。

像朱树金这样走上创之路的毕业生还有很多。"从民办大学里走出的创业者，是一个值得关注的现象。"刘文魁说。

学校还跟踪关注走上自主创业之路的毕业生。2017年10月，董事长刘文魁、副董事长可淑文、副校长周文玉、艺术学院院长刘本海及党总支书记都兴隆等一行来到河南辉县参观学校2016届优秀毕业生牛望豪创办的企业。牛望豪于2017年4月开始创业，创办了位于万仙山风景区内的华冠水厂。牛望豪说："是学校给了我继续学习的平台，是学校给了我创业的勇气和信心，大学四年锻炼了我的能力，毕业后学校老师又积极指导我就业创业，并在我的创业过程中给予了极大的支持。是学校培养了我，成就了我。感谢郑州科技学院。"

刘文魁说："每一位毕业生都是我们的心血，都是我们学校的未来，我们要认真负责任地做好每一位毕业生的就业创业工作，尽最大努力给予毕业生就业创业支持，对每一位毕业生负责。"

新工科机会

余猛是郑州科技学院信息工程学院通信工程专业大三男生，他是校园里的"名人"。大二的时候，他利用闲暇时间，耗时两个多月制作出来一个智能机器人，机器人的各个部件是用3D打印机打印出来，然后组装而成。打印一整套的机器人骨架只需十几元，成本非常低。余猛给机器人起名叫"宏梦"。它可以做很多动作：鞠躬、挥手、倒立、劈叉、前滚翻、后滚翻、左右侧翻、单双手俯卧……

动作娴熟的"宏梦"可是"网络红人"，不仅被拍成视频传到网上，点击量几十万，还曾被各大媒体争相报道。这款完全由学生自主研发制造的智能机器人，只是郑州科技学院新工科人才培养的成果之一。

新工科，是今天高等教育领域的一个"热词"，是一场工程教育的革命。工科出身的刘文魁，如今锁定"新工科"，这将是又一次全新的挑战。其实，早在前几年"新工科"概念还没有提出来的时候，郑州科技学院就已开始探索学科之间的交叉融合，发挥自身优势，对接地方经济，以产业需求建专业，构建了工科专业新结构，不拘囿于传统学科设置，实行专业交叉、知识融合，这些做法与当前提出的"新工科"思想高度契合。

新工科对应的是新兴产业，首先是指针对新兴产业的专业，如人工智能、智能制造、机器人、云计算等，也包括传统工科专业的升级改造。与老工科相比，新工科更强调学科的实用性、交叉性与综合性，尤其注重信息通讯、电子控制、软件设计等新技术与传统工业技术的紧密结合。在教育部高等教育司司长吴岩看来，新工科新在两个方面：一是新的工科专业，二是工科达到新要求。

2017年2月18日，一场关于综合性高校工程教育发展战略研讨会在复旦大学召开。与会专家深入探讨了在当前以新技术、新业态、新产业为特点的新经济蓬勃发展形势下，高校如何培养具备更高创新创业能力和跨界整合能力的新型工程技术人才。包括北京大学、南京大学在内的30多所高校参加了此次会议，并在会上达成了10条"新工科"建设意见共识，被坊间称为"复旦共识"。

就在这场研讨会结束不久，教育部发布了《教育部高等教育司关于开展新工科研究与实践的通知》（教高司函〔2017〕6号），希望各地高校开展新工科的研究实践活动，从而深化工程教育改革，推进新工科的建设与发展。

自此，新工科开始进入公众视线。统计数据显示，到2020年，新一代信息技术产业、电力装备、高档数控机床和机器人、新材料将成为人才缺口最大的几个专业，其中新一代信息技术产业人才缺口将会达到750万人。到2025年，新一代信息技术产业人才缺口将达到950万人，电力装备的人才缺口也将达到909万人。

"如果20年后机器代替一半的人力，如果未来我们的生活中遍布各种新兴产业，我们民办高校该教学生哪些课程？"刘文魁无不忧虑地说。

转型升级迫在眉睫。当前，"融合"是构建新工科教育实践层面的关键词。针对新经济快速发展迫切需要新型工科人才的实际情况，郑州科技学院设置专业拓展模块课程，鼓励学生选学学科交叉课程，推进学科知识交叉和专业技术拓展，强化岗位适应能力。同时，学校实施跨学科、跨院系、跨专业的人才培养改革新模式，组建"实验班、试点班、精英班和新卓班"四种试验田的耕作模式，培养具有创新创业能力和跨界整合能力的新型工科大学生，为地方重点领域和新兴行业输送新工科人才。

2018年3月26日，机械工程学院开展新工科试点班建设动员会。机械工程学院教师陈海涛担任主讲，对机械设计制造及其自动化、电气工程及其自动化和计算机科学与技术三个专业新工科试点班建设进行讲解，500多名学生到场聆听。

陈海涛对新工科的由来和新工科试点班的内容进行讲解，突出介绍了新工科试点班的优势和特点，列举说明了新工科实用性、交叉性与综合性，及其对应的新兴产业发展。他说，新工科试点班，以培养复合型学科交叉类人才为目标，是对传统工科专业的升级改造，尤其注重信息通讯、电子控制、软件设计等新技术与传统工业技术的紧密结合，同时，重点强调加快建设和发展"新工科"，培养新经济急需紧缺人才，培养引领未来技术和产业发展的人才，已经成为全社会的共识。

实际上，从2008年升本至今，郑州科技学院一直在工科转型发展上主动布局谋划，积极和地方经济发展接轨。2017年，学校36个本科专业中，作为应用型人才培养改革主体的工科专业20个，与新工科有交叉或联系的专业7个，两者共占到本科专业总数的75%。

自2017年开始，学校先后与中机教育发展集团共建面向智能制造装备技术、3D打印技术、工业机器人行业的"智能制造学院"；与河南云和数据信息技术有限公司共建面向虚拟现实技术、大数据信息技术与云计算的"泛IT学院"；与怡亚通供应链股份有限公司共建面向"一带一路"和中国郑州跨境电子商务综合试验区、中国（河南）自由贸易试验区建设的"全球供应链与跨境电商学院";与郑州市人力资源和社会保障局创业指导中心共建面向大学生"双创"人才培养的创新创业学院。四个"创新学院"全是与新工科建设相对应的工程应用学院,立足地方经济需求,与地方产业深度融合,用全新的人才培养模式,为地方经济建设培养出新工科人才。这标志着学校在新工科人才培养的创新探索上又上了一个新台阶。

截至目前,四个"创新学院"试运营一年多来,智能制造学院大学生研发的3D打印机和智能机器人,多次在国家级大赛中获得金奖或一等奖。泛IT学院第一批JAVA和PHP两个试点班的54名学生毕业后,已全部进入河南云和数据信息技术有限公司高薪就业。全球供应链与跨境电商学院培养的"怡亚通精英班",校企双方根据市场需求,导入与企业无缝对接的课程体系、教材、软件平台、产品培训、师资培训等,开展实践教学,培养效果显著。创新创业学院对全校大学生定期开展GYB、SYB创业教育培训,让学生们对创业实践的认识、创业方法和技能方面的认识都有了很大提升。

"我们新建的四所'创新学院',是立足地方经济发展需要打造新兴人才培养的实战平台,这样有利于形成教学优势、师资队伍优势,实现资源共享,推动新工科建设和激活学校应用型人才培养改革的整体动力。"刘文魁说。

在智能制造学院,从厂家直接运来最先进的成套的机器,一字排开,学生的理论课就在机器旁边,对照机器上理论课,学生更容易理解,有时一节课理论,一节课操作,丝毫感觉不到枯燥。智能制造学院的学生,由机械、计算机、机电等专业的学生组成,汇聚了各专业的优秀学生,是跨专业的整合。智能制造学院满足了机械制造及其自动化、机械电子工程、机械设计与理论、数控技术、机器人、自动控制等相关机电控制类的理论与实践教学。

与泛IT学院共建单位的河南云和数据信息技术有限公司总裁郭凯是学校的毕业生。他说:"与母校合作,一是想感恩母校的培养,把先进技术带进来；二是通过合作，为社会培养更多的泛IT人才。"泛IT学院"成立后，双方通过引企入校、合作培养、课证融合、实验实训基地共建、双师双能型教师培养、技术革新与研发等有效合作模式，把专业链与产业链、课程内容与职业标准、教学过程与生产过程三对接，实现逐步渗透，在人才培养的过程中真正实现"你中有我，我中有你"。虚拟试衣间、虚拟旅游、虚拟现实教学、云计算、大数据等当下互联网行业最热的专业技术都被引入了课堂教学。

创新创业学院更是精彩纷呈，它由创新创业教育区、创业苗圃区、创业孵化区、创客空间区、创业服务区五部分组成。每年邀请郑州市人社局专家对毕业生开展GYB、SYB创业教育培训，邀请中国创客领袖大会主席、"双十二"中国创客日发起人姜明博士等32位成功企业家走进校园开展创业讲座。

同样，全球供应链与跨境电商学院，也是将企业发展转型升级的需求与学院教学实践课程有机融合，创新了传统教育教学模式。

2016年，在中国工程机器人大赛暨国际公开赛上，郑州科技学院学生自主研制的工程越野对抗机器人和物联网智能家居管家机器人荣获一等奖；从单色打印到彩色打印，从塑料打印到陶瓷打印，智能制造学院的学生研发的3D打印机技术日臻成熟，多次在国家级的大赛中名列前茅，获得大奖；2018年，学校泛IT学院JAVA和PHP两个新工科建设试点班的54名大学生和智能制造学院赛腾工程师班的141名学生顺利毕业，并全部进入IT企业高薪就业……在新平台的带动下，学校一批有影响力的新工科建设已开花结果。

2018年4月，《中国教育报》以《郑州科技学院新工科建设与地方发展同频共振》为题报道了新工科建设的成果。新工科建设还在路上，刘文魁对此信心满怀，他希望郑州科技学院能在民办本科大学新工科建设领域成为领跑者。

和世界站在一起

"一带一路"带来了中国高等教育国际化的春天。

对于地方高校来说，国际化之路到底该怎么走？刘文魁认为，国际化战略是助力高等教学品质提升的必然选择。民办大学的教师需要具有国际化的视野，学生也需要具有国际化的就业能力，因此，民办大学迫切需要加强国际教育交流与合作，进行教育资源的配置与整合，在教育内容、教育方法上适应国际交往和发展的需要，融入国际教育大舞台，与国际规范接轨。

近年来，郑州科技学院一直围绕学校的工科定位拓展国际化办学道路。尤其是，2018年学校的国际化战略开始提速，在对外交流与合作办学中取得了丰硕成果。

2018年10月12日上午，郑州科技学院建校30周年成果汇报大会上，学校与马来西亚管理与科学大学共建的研究生院正式揭牌。两校共建"中-马国际研究生院"，开启了与"一带一路"沿线国家进行合作交流的新篇章。该项目的合作将有力促进郑州科技学院在教育国际化领域的发展，双方在推进学分互认、教育公益性原则指导下设立的研究生院，充分发挥双方在学科、人才、资源、环境等方面的优势，不断开拓创新、探索和完善国际间硕士研究生人才联合培养模式，把"研究生院"建设成为立足郑州，辐射河南省乃至全国，服务于广大学生，集教学、科研、培训为一体的高水平国际化人才培养基地。

刘文魁介绍说，"中–马国际研究生院"采用国际化的"1+1.5""1+3"分段式培养模式，是河南省首家由中外高等院校合作创办的研究生院。

10月21日，郑州科技学院与法国亚眠大学举行项目交流合作洽谈会。董事长刘文魁与亚眠大学校长穆罕默德·本拉森（Mohamed Benlahsen）签订合作框架协议。河南省教育厅国际处处长、汉办主任徐恒振应邀出席洽谈会，他希望两校不断深化合作，为中法人文交流做出积极贡献。穆罕默德·本拉森在洽谈中介绍了亚眠大学在能源储存、农业科技、医疗健康等方面取得的硕果，他希望两校之间可以进行留学生交换。未来，郑州科技学院将与法国亚眠大学开展诸如互派交换生、硕士生联合培养的1+1教学模式，以及本科层面的中外专业合作办学等涵盖16个专业的多样化文化交流项目。

这一年的3月25日，西班牙加迪斯大学国际交流代表团来郑州科技学院访问。双方以"凝聚国际人才培养智慧，促进校际合作共赢"为主题开展了交流，围绕课程改革、学术交流、教师互派、海外实习等方面探索并创新合作与交流模式，促进现代化高等教育向高水平、深层次发展，助推学校产教融合、校企合作、协同育人模式向新的格局进一步迈进，努力提升内涵建设，让学校综合实力得到进一步提升。

《国家中长期人才发展规划纲要（2010–2020年）》明确指出：将扩大教育开放，既实现将本土教育"走出去"，也要将国外优势教育资源"请进来"，双管齐下，加强国际交流与合作。为进一步推进与外方本科专业合作办学的进程，郑州科技学院专门成立了外事办公室，且实施专人负责制，通过领导间互访，教师间、学生间互派学习等等多种形式推进国际交流与合作。

近年来，学校先后与多所国外知名大学在联合办学、互访等方面建立友好关系。刘文魁等校领导先后赴法国、德国、澳大利亚等国家考察和访问。

2012年上半年，董事长刘文魁和党委副书记秦小刚应美国维拉诺瓦大学、克瑞顿大学、蒙大拿大学理工分校之邀进行访问。

在此基础上，学校先后与澳大利亚伊迪科斯大学签署合作办学协议，与西班牙加迪斯大学及芬兰的海门应用科学大学、东南应用科学大学达成共建"2+2""3+1"形式的本科层面工科教育项目。

2010年，学校与新西兰奥克兰商学院签订了《关于计算机科学与技术、会计电算化及工商企业管理专科专业合作教育项目》。根据协议，新西兰奥克兰商学院按照郑州科技学院有关专业的教学模式、教学方法、课程体系，提供9门核心课程的对接，校内的学生无须出国，在本校由合作双方共同培养，考试合格的学生可以获得郑州科技学院专科毕业证书；如果有意愿到国外学习两年，在完成了相关专业的实践课程以后，则可以获得外方相关专业的学士学位证书。

随后，学校与美国圣何塞州立大学又协商合作部分本科专业教育，引进该校的先进教学理念、人才培养模式及师资力量，重点是土木工程和机械工程两个专业；与优埃富欧科技有限公司签署了中德职业教育发展研究协议，拟定引进德国双元制职业教育，以培养专业性人才。

学生是开展中外合作办学最直接的受益者。国外原版英语教材的引进，外籍教师的教学，使学生英语应用能力得到很大提高；实训教材的引进，对最新行业知识和生产技能接触机会的增多，使学生的专业知识和技能得到增强；学生国外学位证书的获得，学生综合能力的培养，又为学生的成功就业甚至到国外发展提供了更大的空间。

对于学校的国家化战略，刘文魁有着自己独特的认识。在他看来，经济全球化正在加速技术、人才和资金等资源在世界范围内的自由流动，同时，互联网的发展让教育的无国界化开始凸显。郑州科技学院必须站在国际教育的高度谋划未来，以全球视野规划课程。"比中外合作办学更重要的是教育观念的国际化。"刘文魁说，"现代大学培养的一定是世界公民，要让我们的学生和世界站在一起，以世界为教材，而不是以教材为整个世界。"

在这样的理念指导下，郑州科技学院还深入开展了大学生海外社会实践活动，以此来拓宽学生的国际视野和就业竞争力。

2016年3月8日，郑州科技学院与天美国际教育大学生海外实习基地正式建立，此举为学生提供体验美国文化、积累海外实习经验、全面提高自身综合能力提供了有利条件。学生在8—12周的带薪实习中，与来自其他国家的学生并肩工作，学习美国企业的管理理念、运作模式，这给予了学生一个全面提高自身综合能力的锻炼机会，增强了学生跨文化交际能力与合作能力。

早在2013年，郑州科技学院就开始着力推进该项目的实施。参加暑期赴美带薪实习社会实践项目的郑州科技学院英语专业学生张珊珊说，在2014年暑期，她获得了难得的赴美带薪实习机会，在为期12周的实习中，亲身体验了美国的工作模式及当地的风土人情，也让自己从一个不敢开口讲英文的英语专业学生，转变为如今的开朗自信。作为参加该项目的学生之一，张珊珊已顺利签约一家留学服务公司，从事留学咨询相关工作。

新时期，郑州科技学院以国家"一带一路"倡议为出发点，在郑洛新国际自主创新示范区的推动下，开展多层次、多领域、模式灵活的国际交流与合作。学校紧密锁定"外语+工科"的培养思路，充分融合不同国家间的教育文化和不同学校间的教育资源，进一步助推学校教育教学质量的新突破，不断提升自身的国际化办学能力，扩大了学校的国际区域影响力和知名度。

国际化办学正在成为一种趋势。在党的十九大新闻中心举办的记者招待会上，据教育部部长陈宝生介绍，过去的五年里，有180多个国家和地区与我们国家建立了教育合作关系，有47个国家和地区与我们国家签订了学历学位互认协议，双方实现了学历互认。中国已经成为世界第三、亚洲最大的留学目的地国。在对2049年中国教育展望时，陈宝生说，到2049年，中国教育将稳稳地站立在世界中心，引领世界教育发展，到那个时候，中国的标准将成为世界的标准。中国将成为世界上人们最向往的留学目的地。

这无疑将为中国高等教育的发展带来新的机遇。民办高校如何在新的机遇中开拓新思路，进一步打通对外合作办学的通道，变滚动式发展为跨越式发展，是一个新的课题。

随着国际化步伐的加快，郑州科技学院将不断探索国际化办学模式，加强与国际实力大学合作的深度，真正把国际化办学作为学校发展的一项战略措施，强化学校的办学特色，提升学校的综合竞争力和国际影响。

"郑州科技学院要培养具有国际视野、通晓国际规则、具有国际竞争力的应用型人才，就必须走向深度国际化，进一步拓展国际化合作的思路，创新人才培养模式，在国际化办学方面走在前列。"刘文魁说。

刘文魁自述

锁定"新工科"建设

着力围绕"新工科"做文章，不是因为全国上下掀起了"新工科"热，而是因为民办大学必须在这个领域有所作为。

对于以工科为主的郑州科技学院来说，工科不仅是学校的建校基础，也一直是学校的重点学科。从2008年升本以来，我们在工科转型升级上更是主动布局谋划，积极与地方经济发展接轨。所以，在国家提出"新工科"建设之初，学校就抓住机遇，顺势而上。在2017年这一年里，我们先后召开了五次会议研讨新工科建设，并迅速做出战略调整。

2017年应该说是我们郑州科技学院"新工科"建设的元年。四所"创新学院"的挂牌成立标志着我们在新工科人才培养的创新探索上又上了一个新台阶。其实，正式挂牌时，四个"创新学院"已经试运营一年。这四个学院就是立足地方经济发展、打造新兴人才培养的实战平台，不仅有利于形成教学和师资队伍优势，实现资源共享，推动新工科建设，还有利于激活学校应用型人才培养改革的整体动力。

围绕"新工科"建设，教育部先后在复旦大学、天津大学和北京会议中心召开了四次研讨会。"新工科"的主要研究内容被归纳为"五个新"，即工程教育的新理念、学科专业的新结构、人才培养的新模式、教育教学的新质量、分类发展的新体系。对高校来说，"新工科"首先是指新兴工科专业，如人工智能、智能制造、机器人、云计算等原来没有的专业，当然也包括传统工科专业的升级改造。但是，对于以工科为主的郑州科技学院来说，要凭借自身的体制机制优势，以原来的优势学科为基础，围绕学科群建设进行集成创新，将教学内容和市场需求充分对接，进而培养与学科专业交叉的应用型、创新型、复合型，且具有工匠精神的工科人才。

我认为，建设"新工科"要回答好两个关键问题：一是面向地方经济发展、产业升级和智能制造产业需要的工程技术人才，重构课程体系；二是基于应用型、创新型、复合型人才培养要求，再造教学方式。

实际上，在前几年"新工科"概念没有提出来的时候，我们就已经与地方新经济接轨，着手新专业建设了，我们的探索恰恰契合了"新工科"思想。目前，我们已经把产学合作作为"新工科"建设的重要抓手，在学校内部实行学科交叉、专业交叉、院系互动、学分互认，把原来单一的专业向学科交叉融合发展。

看待"新工科"要站在更高处，它不只是一个教育概念，也绝不是"新瓶装旧酒"，而是以产业需求为导向，以新技术、新业态、新产业、新模式为特点的，强调学科的实用性、交叉性和综合性。我们会全力以赴，探索具有中国特色的应用型本科院校的新工科人才培养之路。

第六章

三十而励

曲则全，枉则直，洼则盈，敝则新，少则得，多则惑。是以圣人抱一为天下式。不自见，故明；不自视，故彰；不自伐，故有功；不自矜，故长。夫唯不争，故天下莫能与之争。

——《道德经》第二十二章

郑科院的精神谱系

大学是一种精神场，大学的精神性存在是大学的灵魂。郑州科技学院的精神谱系中有"四种精神"熠熠闪光。

"四种精神"是艰苦朴素的创业精神、大公无私的奉献精神、团结拼搏的实干精神、锐意改革的创新精神。刘文魁又将其概括为八个字，即"创业、奉献、实干、创新"。"四种精神"是郑州科技学院在30年的发展过程中逐步形成的，其中的每一种精神都对应着一个具体的坐标。

30年前，当高等教育正处于"精英"阶段时，大量求知若渴的青年被挡在大学门外，刘文魁作为大学教师，忧国忧民，遂创办了一所大学。30年来，学校从无到有、由小到大、由弱到强，培养了数以十万计的有为青年。当他们离开学校的时候，带走的不仅仅是能力和文凭，还有郑科院的精神。

2008年9月17日，时任全国人大常委会副委员长韩启德视察学校时说：这是我第二次到学校来，今天到这里来还是感觉到一种震撼。学校有很大变化，没有向国家要钱，20年能够办成这个样子，确实不容易。刘文魁董事长提出的四种精神，不管哪种精神，都是难能可贵的，从校园的面貌上就能看到这种精神的存在。这种精神贯穿在学校领导、教师和学生中，只有具有了这种艰苦奋斗、发愤图强的精神，学校才能发展成这样子。

30年的发展历程中，"四种精神"是刘文魁带领他的团队用行动作出的注解，"四种精神"始终激励着全体郑科院人。

第一种精神是艰苦朴素的创业精神。创业是一个不断谋变、不断解决难题的过程。创业者从0到1的过程是最艰难的。30年前，学校刚刚创办的时候，除了一块校牌和创业雄心外，其他一切都是空白，校舍要租，教师要聘，资金要借。为了节约经费，刘文魁把家里能够用得上的东西都搬到学校做办公用品；为了筹措资金，他煞费苦心，把亲朋好友借了个遍；为了解决办学之初遇到的临时性突发性难题，他经常没有节假日，最忙的时候每天休息不到三个小时……这一切可谓"艰苦"。

如果说刘文魁创办的这所大学是一所"抠"出来的大学，似乎一点都不为过。早些年，为了节约开支，刘文魁和全体教职员工同甘共苦，一起节水、节电、节纸张、节话费。他和所有教职工一样，拿着一份很少的工资，用着从旧货市场淘来的办公桌。直到今天，刘文魁和夫人可淑文从不讲究吃和穿，更不住豪宅，不开豪车，可谓"朴素"。在学校二次创业过程中，他曾语重心长地告诫师生，要珍惜成果，勤俭节约，传承艰苦朴素的传统。

第二种精神是大公无私的奉献精神。2016年底，新修订的《民办教育促进法》将对民办学校进行营利和非营利的分类管理，刘文魁第一时间面对媒体郑重宣布：郑州科技学院将选择走非营利性高校道路，所有教育资产归社会所有。这可谓是"大公无私"。30年来，学校无论是晋专科、升本科，刘文魁和全体教职员工以校为家，不计个人得失，加班加点，舍小家，顾大家，用"奉献精神"推动了学校健康发展。作为创始人，刘文魁最艰难、最棘手的可能就是筹款，他个人投资，个人承担所有债务风险，但是，积累的20多亿资产则是学校的、社会的。他说，郑州科技学院一如既往地坚持社会主义办学方向，坚持教育的公益性。他是在用个人的肩膀扛起千万个家庭的希望。

他很感动于追随他的教职员工的奉献精神。在一次全体教职员工大会上，他说："我忘不了全校师生员工假节日里忙碌的场景，忘不了大雪封路时，老师坚持为学生上课的场景，忘不了带病坚守一线的老师。"正是这种奉献精神让郑科院人凝心聚力攻克了一道道难关。

第三种精神是团结拼搏的实干精神。习近平总书记在2018年的新年献词中说："幸福是奋斗出来的。"其实，学校的发展也是奋斗出来的。30年来，刘文魁团结了一大批有志之士，共同打拼，但是不少工作他还是习惯于亲力亲为。他经常深入教学一线，甚至施工的现场查看，很多工作不是离开他不行，而他总是"求实求真"。熟悉刘文魁的人都知道，每天早上8:00左右，他都会准时来到学校。这个习惯，他已经保持了30年。他很少给自己放假。直到今天，已经80岁了，你几乎很少看见他老态龙钟的样子，只要在工作中，他总是那么精力充沛。

2015年，在刚满4届本科毕业生之时，学校主动向教育部提出本科评估，教育部专家考察后评价说："学校班子团结协作，队伍和谐有力，全体创业者真心实意办教育，脚踏实地搞评建，齐心协力促发展。"在评估中，学校成为新评估标准下河南省第一所以合格成绩通过评估的民办高校。30年的办学实践证明，凡谋事者，必能干事，能成事。30年来的累累硕果是刘文魁带领郑科院人众志成城、团结拼搏、努力实干的结果。

第四种精神是锐意改革的创新精神。30年来，学校从自学考试辅导起步，历经学历文凭考试、专科学历教育，直到现在的本科教育，从租房办学到征地建校，从早期的封闭式管理到今天的开放性办学，从"春雨计划"到综合素质教育，从多层次、多元化办学到以工科为主的专业布局，从"教育与产业对接，学校与企业对接，专业与岗位对接"的战略设计到建立"教、研、创、产"于一体的实践基地……每一次办学层次和品质的提高，都是抢抓机遇，锐意改革，不断推陈出新的结果。

30年来，创新精神让郑州科技学院的诸多工作在业界一路领跑。学校率先通过"就业公证"，有效保障了学生就业，并建立了全国"民办号"的就业市场；率先在民办高校成立马克思主义学院，把思政工作推到了全国特等奖的榜单；率先把实训工厂搬进校园，构建省内领先的实践教学四大平台；率先与重点大学共建，创中原高校对口支援的先河……

学校的精神决定着一代代师生的气质和发展走向。"四种精神"是以刘文魁为核心的教师团队积淀下的精神。郑州科技学院走过的30年是生动诠释"四种精神"的30年，是丰富发展"四种精神"的30年。这"四种精神"是一种创始人精神，也是整个团队的精神尺码。它决定着郑科院人的思维方式和工作态度，也决定着郑科院的下一个10年、20年……

创始人精神

1988年，改革开放进入第10年的时候，正值一个创业的风口。刘文魁在这一年选择了创业。那个年代，创业是一个"窄门"，并不像今天"大众创业，万众创新"的社会氛围这么浓厚。身边的很多人会对创业者抱有异样的眼光，但对于已知天命的刘文魁而言，人生短暂，只争朝夕。他想尝试一种新的生活，于是，义无反顾踏上了创办一所民办大学这条路。

在办学过程中，作为创始人，刘文魁自然承担了其他人无法承担的压力和风险。尤其是面对每一次艰难选择的时候，尽管谁都无法预知未来的结果，但他总是不犹豫、不回避、不放弃，每一次在别人看来似乎不太靠谱的决定最终都迎来了让人惊喜的结果。这也许就是刘文魁作为创始人身上值得关注的一种精神，我们姑且称之为"创始人精神"。

"创始人精神"一直是我想在这本书中重点解读的一种精神。通常，创始人的性格和气质直接决定着学校的特质，创始人的精神海拔直接决定着学校发展的海拔。在美国曾出版过一本书就叫《创始人精神》，书中说，"创始人精神"是通过雄心壮志且无所畏惧的创始人行为体现出来的。"创始人精神"具有三个特点：创业初期清晰的任务与目标、明确的主人翁精神、对于一线业务的痴迷。对照这三个特点，毫无疑问，刘文魁具有典型的"创始人精神"。

如果梳理民办大学与公办大学的区别，"创始人精神"显然是民办大学独有的一大特点。很多时候，创始人就是要操其他人不愿意操的心和其他人操不到的心。

办学30年来，刘文魁在创业路上有太多的心得体会。2017年12月，在校友创新创业座谈会上，刘文魁曾总结，成功的创业者必须具备四条重要的特质：一是胆识，二是诚信，三是勤奋，四是智慧。他解释说，胆识是既要有胆又要有识，不是一朝一夕能炼成的；诚信是靠做出来的，不是靠说出来的；勤奋不是盲目勤奋，而是精准勤奋；智慧不是耍聪明，而是建立在真诚厚道基础上的。

办学30年来，刘文魁始终坚持教育的公益性原则，"为国分忧，为民解愁，为社会尽责"。2016年11月，当新修订的《民办教育促进法》对民办高校实施分类管理时，刘文魁旗帜鲜明地表达了"走非营利性民办大学之路"的态度。这意味着收取的学费要取之于学、用之于学，不得挪作他用。正是刘文魁这种以天下为己任的大公无私精神，决定了他义无反顾的选择。2016年12月，九三学社中央委员会授予刘文魁"全国十大楷模"称号，称颂他"献身教育，无私奉献，堪为楷模"。

办学30年来，刘文魁始终以一颗师者之心对待教育，对待教师，对待学生。他常说，无论学校遇到多大的困难，所有的决策都要以不伤害学生的利益为底线。在创业最艰难的时候，刘文魁所提出的"艰苦朴素的创业精神、大公无私的奉献精神、团结拼搏的实干精神、锐意改革的创新精神"这四种精神支撑他走过了雪雨、风霜、激流和险滩，已成为指引学校发展的一大精神财富。

随着时间的推移，"创始人精神"对学校发展的影响越来越深。有人说，"创始人精神"的核心词是"创始人 + 精神"。刘文魁在30年的创业历程中，让人们认识了一位有故事的创始人、一段有境界的教育情、一部有意义的创业史，这些叠加在一起，沉淀了文化，凝聚了精神，最终形成了郑州科技学院独特的创始人精神。这样的创始人精神表现在如下几点：

一是强烈的进取心。成功的创业者都是主动作为的结果。刘文魁的创业生涯里写满了"主动"与"行动"。他始终具有很强的方向感，他知道自己最想做什么，自己的人生要朝哪里去。是的，他强烈的进取心就来自他的教育理想。所以，他从不惧怕困难，不恐惧失败，不相信眼泪；所以，刘文魁的生命里没有退休，80岁的时候依然激情不减，不忘自己的教育雄心；也因此，有人称刘文魁为"奋斗先生"。

二是敢于冒险。有人说，创始人的伟大之处在于愿意去尝试、去挑战、去冒险。办学30年来，刘文魁是这句话的忠实践行者。世界上最有力量的三个字就是"我愿意"。当一个人对自己每天做的事情都乐在其中的时候，他就愿意并敢于尝试不同，挑战未知。在创业这条路上，刘文魁的经验是"天道酬早"，从征地建立独立的校园到申报学历教育再到升本和主动申请本科评估，一路走来可谓满怀梦想的尝试和挑战。"凡事领先一步就可能步步领先，甚至领先一个时代"。敢于冒险、敢于尝试无疑给学校的发展领先一步提供了更多可能。

三是识别机会的能力。事业发展到一定程度，所谓识别机会更多时候凭借的可能是一种感觉，或者是基于一种经验。在激烈的竞争中，能够生存下来的不是那个时代最大最强的，而是能够对新变化做出准确理解和回应的。创业者要具备的精准研判趋势的核心素养，能够不断预测变化并回应变化。在刘文魁看来，发展不是赢在起跑点，而是赢在转折点。对转折点的把握要靠创始人识别机会的能力。马云说，任何一次机会的到来，都会经历四个阶段，即"看不见""看不起""看不懂""来不及"。在尚不明晰的机会面前，不是每个人都能捕捉到的。但是，刘文魁具有典型的"富人思维"，对新事物、新经验、新现象总能敏感地发现，并去认识。

四是勤奋与实干。在人生过往的80年里，刘文魁从求学到教学再到办学、助学，一生都与学校有关，与学习有关，与学生有关，从未"逃离"。创业30年来，刘文魁一直本本分分办学校，安安静静做教育。他常说，凡事不要总想着讨巧、投机。在不同的创业阶段，勤奋与实干是他事业发展中的标配，也是他和郑州科技学院30年来发展的最佳注脚。在充满机会和诱惑的年代，他总是能够抵御住各种诱惑，对理想忠诚，对教育坚守，对责任担当，在镁光灯之外，做最真实的自己，办最具理想色彩的大学。

五是果断。创业路上充满了未知，对创业者来说，创业没有教科书，而是不断试错的过程，几乎所有的决策都无人能教，都要靠自我判断去选择。创始人要有自己的主心骨，不被其他言论所左右。创业家的本质是无畏，他必须有强大的内心面对一切复杂的问题。30年来，刘文魁的办学心得是，民办大学的重大决策很少是讨论出来的结果。"如果凡事都通过征求意见来解决，民办大学不可能有今天的繁荣。"这句话似乎有些武断，但却充分说明了民办大学创始人在发展中所起的关键作用。

六是坚持。在人生最低谷的时候，不是因为看到希望了才去坚持，而是坚持了才能看到希望。刘文魁一向严肃的表情里其实透着的是乐观和坚毅。他遇事淡定，不乱方寸，不退缩，总能顶住各种压力，他有不轻言失败的韧性。对于创始人来说，"顶住压力"是一种不可复制的精神。"在困难和压力面前，你要清醒地认识到哪些是不能变的。"刘文魁说，"郑州科技学院要坚持三个不变：坚持教育的公益属性不能变，坚守学生立场不能变，坚持工科教育定位不能变。"他很笃定这样的坚持。

以上六点是在刘文魁身上得以淋漓尽致体现的"创始人精神"。这样的

"创始人精神"是其性格决定的，也是在30年的创业实践中逐步形成的。

"不管是初创企业还是求发展的企业皆需拥有创始人精神。但问题是，这种精神往往会得而复失，因为从0到1后，创造性破坏的勇气会不自觉地退化为求稳和自保。"这是海尔集团董事局主席张瑞敏的创业心得。美国人彼得·蒂尔在《从0到1：开启商业与未来的秘密》一书中说，创始人最大的危险是对自己的神话过于肯定，因而迷失了方向。同样，对于公司，最大的危险是不再相信创始人的神话，错把不信神话当作一种智慧。

这样的观点，让一个组织既要重视"创始人精神"，又要警惕"创始人精神"。当学校发展对创始人的依赖越来越深的时候，其持续发展的最大瓶颈可能也来自创始人自己。刘文魁常常自我反思，也时刻提醒自己，"不能成为学校发展的障碍"。

创始人不能成为学校发展的天花板。对于一个组织而言，创始人自身的变革是这个组织变革与发展的第一要务。创始人不仅要自我超越，更要带领整个团队不断超越，使学校"从机会成长到战略成长，从野蛮扩张过渡到文明转型，从重规模效益转变到重质量效益，从单向创新转变为系统创新"。

走向百年明校

在郑州西郊一个叫学院路1号的地方，是刘文魁教育长征中再出发的地方。这里不仅有梦、有诗，还有远方和未来，这里发生过太多动人的故事，最传奇的莫过于刘文魁用30年时间擦亮了一个朴素的教育理想——办一所值得信赖的大学。30年来，这所大学承载起了10多万名学子的职业梦想。

创办一所大学，对于在童年和少年时期几度失学的刘文魁来说，无疑是一个"伟大"的梦想。但伟大不是一个结果，而是一种愿景，是一个不断走向伟大的过程。伟大不是比肩清华北大，媲美哈佛剑桥，伟大的底色是值得信赖——值得社会信赖，值得学生信赖，值得追随自己的人信赖。一位值得信赖的老人与一所值得信赖的大学，让"值得信赖"深深印刻在郑科院的文化标识上。

办一所值得信赖的大学是学校走过30年时，刘文魁正式确立的一种愿景和使命。像陶行知当年修正自己的教育使命一样，刘文魁也对自己的使命作了修正。当年陶行知到南京郊区创办晓庄师范，他的使命是教育救国，后来在实践中将使命修改为"教育造国"，即通过教育培养更多的"新人类"。作为改革开放后逐渐觉醒的知识分子，刘文魁最初的办学使命是给更多的农村落榜青年提供成才就业的通道。后来随着高校扩招，高等教育蓬勃发展，上大学已经不再是难题，他对使命也作了修正，那就是创办一所最值得信赖的大学。

一所值得信赖的民办大学校应是这样一个场：一个以爱生为最高使命的场，一个常怀忧患意识的场，一个不断改革鼎力革新的场。值得信赖是需要用一种诚信精神去铺就的。日本企业家稻盛和夫说，信赖不是外求的，一定要从自己的内心去找。在刘文魁的认识里，值得信赖就是真诚地对待自己的学生，对学生负责，对社会负责。

30年前，刘文魁是为改变贫困家庭孩子而办学，办一所面向农村面向贫困家庭孩子的大学，后来，这所大学是为落榜生而办，再后来，这所大学是为培养社会需要的实用型、技能型、接地气的人才。30年后，刘文魁希望这所大学因为值得信赖能成为一所走向百年的"明校"，即聚集一批"明白之师"——明白到底要培养什么样的人，并且实施真正对学生明天负责的教育。刘文魁将这样的"明校"之"明"交给时间和行动去淘洗、沉淀。他坚信一点，如果走向百年，"名校"一定是"明校"的副产品。

对于80岁的刘文魁而言，已经到了对过往30年办学历程作系统总结的时候了。一所民办大学要从野蛮生长走向有品质的品牌成长，不仅需要经验保障发展，更需要教育思想引领和指导发展。30年，郑州科技学院到底可以总结和纪念的是什么？三十而立，郑州科技学院发展30年来到底立起了什么？于是，刘文魁想停下来整理一下自己的思考，于是，便有了这样的访谈，有了《八十而述》这本书。

一位80岁的老人，一位80岁的教育创客，当生命走过80个春秋，自己创办的大学步入而立之年的时候，他开始向外界讲述自己的办学心得。"八十而述"不只是一个人的故事，而是一个行业的历史切片，是民办高等教育的"中国故事"。

30年是一种结果，也是一种起点。30年前，改革开放是这所大学诞生发展的时代背景，在"公"字当头的社会背景下，民办大学作为一种新生事物，第一批办学人如何冲破旧观念的坚冰，在缺钱、缺物、缺教师的条件下，如何攻坚克难、突出重围，赢得一次次发展机遇，刘文魁的故事样本提供了诸多启示。

30年前，刘文魁还在租赁的简陋教室里办公，学生们还没有自己的活动场地，"寄人篱下"是最真实的生存状态。30年的坚守，让一位知识分子的大学梦历久而弥新；30年的积淀，让一所大学的记忆有了自己的厚度。

他人生的智慧就在于，一生只做一件事，一生做好一件事。当一个人迷恋于自己的工作时，整个世界就会纯粹起来。刘文魁就是这样，他的世界里从来不会被其他的事情打扰，他耐得住寂寞，经得起诱惑，不以物喜，不以己悲，将自己的全部智慧都投入到了学校的发展上。尽管学校被纳入统招序列后，有不少投资公司找上门来，他都婉言谢绝了。"我不想被资本绑架。我要办一所自己理想中的大学。"30年来，这位为教育而生的老人始终秉承"取之于学，用之于学"的公益心。"陶行知那一代人的办学精神，虽不能至，但心向往之。"刘文魁说。

一所大学总要不断调整和规划自己的未来。2018年5月30日上午，刘文魁亲自主持召开董事会扩大会议，会议的主题是成立郑州科技学院智库。这个智库将聚集学校内外专家学者，借助更多人的智慧，为学校发展提供方案，保持民办高校排名靠前地位。

刘文魁在会上说，学校现在离办成一流民办大学的目标还有一定差距，加之民办高校队伍不断壮大，民办高校内部竞争日趋加剧，因此，要在关注三个方面提升高度，一是办学理念的更新，二是科学战略决策与施策，三是人才的竞争。希望智库发挥作用后，学校在管理上更科学，科研上更创新，使学校在新的竞争中排名继续靠前，保持领先地位。

30年，郑州科技学院夯实了这样一条发展路线，那就是低调、务实，一心为学生而谋变。下一个30年，郑州科技学院将拓展出一个更广阔的世界。在学校制定的发展规划上，我们看到——

在专业建设上，到"十三五"末，全日制本专科专业数控制在70个（本科45个，专科25个）左右；校级特色专业15个左右，市级重点专业8-10个，省级特色专业4-5个，争取在国家级重点专业上有所突破；课程建设方面将有计划、有步骤地建设20门左右校级精品课程，8门左右市级精品课程，1-2门省级精品课程。

在科学研究上，力争实现国家级科研项目的突破，省部级科研项目60项以上，厅局级科研项目与横向合作项目600项以上，在正式学术刊物上发表论文1800篇以上，其中核心期刊和三大检索系统收录论文不低于20%；申请并获得专利100项以上，省级教学成果奖和科研成果奖20项以上。

在创新创业上，用"双创+"模式培养学生创新精神和创业能力，以项目驱动、工学交替创新改革教育模式，形成与创新创业人才培养相适应的新模式，5年内建立和完善面向全体学生的创新能力、创业能力培养机制和评价体系，实现市级大学生创新创业孵化园向省级大学生创新创业孵化园的提升，完成省级众创空间、省级科技企业孵化器、省级大学科技园等双创孵化园平台的建设。

在交流与合作上，国内着力推进与郑州大学等签约高校深度合作；国际上借力"一带一路"，尝试同德国、俄罗斯等国家2-3所知名高校或科研机构开展合作与校际交流；主办或承办2-3次全国性或省部级学术会议。

学校确定了坚持"一个中心，三个基本点"的质量战略，即"以立德树人为中心"，以专业知识教育、创新精神教育、实践技能教育"为三个基本着力点，通过全面强化服务区域经济社会发展和创新驱动发展的能力，在不断夯实本科教育的基础上，联合重点高校开展研究生培养，积极发展研究生教育。

……

这些将构成郑州科技学院的未来愿景。

访谈进行到6个小时的时候，这位80岁的老人显然有些累了。但是，一谈到建设应用型本科大学的话题，他的眼睛突然变得更加明亮起来。站在新的起点上，刘文魁总是温和地表达着自己做应用型本科大学领跑者的决心，这是一位80岁老人的教育雄心。

在刘文魁看来，如果民办大学既想做应用型大学，又不想放弃做研究型大学，左右摇摆，贪大求全，一定会走入死胡同。"民办大学既缺乏雄厚师资，又没有优秀生源，想冲刺真正的一流大学，并不现实，但是在应用型大学的发展上一定可以有所作为。"刘文魁说。

每一所学校都有自己的校庆日，每到校庆日，学校都会以不同的方式庆祝这个节日。

刘文魁希望借着30年校庆之际召开一次全国性民办高校会议，发出自己的声音。但他的目标远不在此，他希望自己创办的大学有一天能在世界教育舞台上发出独立的声音，他更希望中国有更多的大学可以领跑世界教育，让中国真正成为世界的留学中心，成为世界各国学生最向往的留学目的地。

人说三十而立，对郑州科技学院来说，则是三十而"励"——自我激励，守正出新。如何走好下一步，刘文魁给自己写下了这样一行字："做自己，不盲从，守初心，致百年"。

第四个苹果在哪里

这个世界上曾有三个苹果对人类历史产生了重大影响。

第一个苹果诱惑了夏娃，于是，这个世界上从此有了人类。

第二个苹果砸醒了牛顿，于是，这个世界上人们从此知道了"万有引力"。

第三个苹果被乔布斯咬了一口，于是，人们既有的世界被打开了智能生活的一扇窗。

有关苹果的传说已经被人格化了，每一个苹果的出现总能会给人们带来全新的世界观。好奇的人们都在追问第四个苹果在哪里？可能不同的人对第四个苹果的定义会不同。我则把第四个苹果定义为日本果农木村秋则种植的无农药苹果。有人预判，"这个苹果，将对世界农业产生革命性影响"。

日本的苹果栽培史大约有120年，之前也有许多人尝试过无农药、无肥料的栽培，但是无一例外都失败了。木村却像个傻瓜一样，坚持研究了11年，最终成功。他的故事被写成一本书《这一生，至少当一次傻瓜》。木村先生种植的苹果切成两半，放置两年不会腐烂，只是如枯萎般越缩越小，最后变成淡红色的干果，散发出淡淡的清香……这就是木村的奇迹苹果，不施农药，不用肥料，却比任何"高级品种"都香甜可口！

　　木村一生只做了一件事，就是栽种不施农药、不用化肥的苹果树。他用一生的时间实现了别人看来无法实现的梦想。木村的"傻瓜哲学"是：人一旦为一件事疯狂，总有一天，可以从中找到答案。

　　我越来越觉得，木村和刘文魁两个人有惊人的相似之处。木村一生只做一件事，种植无农药、无化肥的无公害苹果，他为此付出了11年的心血；刘文魁同样一生只做一件事，办一所值得信赖的大学，从50岁开始起航，至今已经走过了30年。

　　刘文魁是为教育而生的。30年前，刘文魁还在那间简陋的办公室里经营着自己的教育梦想，还经常走到大街小巷张贴招生广告，骑着自行车寻找可以租赁的校舍。他所有的努力就是想办一所面向农村学生、面向贫困学生的大学。在那个年代，在河南，这所大学具有不一样的意义。刘文魁的童年经历决定了他无论走到哪里都不会忘记感恩。当年没有校长的资助就很难有今天的作为。

　　对于大多数老人来说，60岁退休就开始过起颐养天年的老年生活，每天打打牌、逗逗鸟、遛遛弯。对于年届80的刘文魁来说，这个年纪本可以享受天伦之乐，哪里还需要去奋斗？但在刘文魁的认知里，幸福是奋斗出来的，幸福是奋斗的过程本身。也许很多人并不理解，80岁了为什么还这么拼？其实，就像白天不懂夜的黑一样，你无法让一个奋斗了一辈子的老人停下来，结束自己的奋斗。

　　如果不是30年前的那次选择，刘文魁现在可能像很多老人一样在家里过着不咸不淡的晚年生活。而刘文魁却像"烟王""橙王"褚时健一样重新定义了"80后"老人的生活态。

　　也许有人会担心，已经80岁的刘文魁到底要干到什么时候？访谈中，我曾问过：您如何设计您的晚年生活？

"守在学校工作便是最好的休息。"刘文魁说。也许有人将其理解为第一代创业者大多恋栈，而我更愿意理解为生活的纯粹。

"一所学校的发展需要几代人的薪火相传。将来这所学校到底能走向哪里，那是继任者的事情。我要做的就是，将学校积淀下的精神财富、思想财富梳理出来，让更多的人可以去传承。"刘文魁对自己和学校发展有着清晰的认识。

学校校长助理、教务处处长刘亮军说："走近才能尊敬。当我走近这位有温度、有大爱的民办高等教育前辈，走近这位为中国民办高等教育事业奋斗奉献一生的智者时，我才真正感受到他是中国民办高等教育创业者的典型代表，他的内心世界有创新、有情怀、有格局、有责任。"校办主任张智沫也说：我从没感到董事长有高龄老人常有的过度保守和固执，而他是经常能够做到不耻下问、虚心倾听，考虑问题思路清晰、周到全面，处理问题从善如流、理性务实。我想，这也正是他能够带领我们学校做到从无到有、从小到大、从弱到强的秘诀之一吧。"

刘文魁与木村的执着、守一精神如出一辙。很多人阅读木村的故事，都感动于木村的为一件事疯狂的精神。木村的身上是一种可敬的"日本精神"。在刘文魁看来，我们的教育要培养出更多具有木村精神的人。

习近平总书记说人民有信仰，民族有希望，国家有力量。教师如果没有信仰，教育剩下的只能是知识，那么，教师要信仰什么？我认为，要信仰学生的自主能力。学生如果没有信仰，人生的方向就可能跑偏，可能随波逐流。

除了学习木村精神，刘文魁从木村的故事里还发现了教育的秘密。在他看来，其实，教育与种苹果有异曲同工之妙，就像没有人能替代苹果生长一样，也没有人能替代学生的学习，学校和教师要做的事情就是，给学生的学习成长创造环境和条件。"学贵自主。"刘文魁坚信，"给学生自我教育提供了适合的环境，学生就可以自己教育自己，自己管理自己，自己发展自己，自己丰富自己。"也因此，近年来，学校的课堂教学改革也主要是围绕"以学生为中心"展开的。

刘文魁不仅执着于培养学生的自主学习能力，他对工科教育的情结更让人感动。只要了解了刘文魁的职业经历，就会明白，工科出身的他对学校工科发展定位的执着让学校不断有新的机会。民办大学过去给学生提供的也许仅是上大学的机会，而现在必须关注学生的学习品质和就业质量。为了学生的成长成才，郑州科技学院在工科教育发展上作出了诸多探索。

北京大学教授陈平原曾说："在我看来，中国民办高校的意义，一是培养各类人才，二是试验新的体制，三是刺激公办大学。第一个任务完成得很好，第二个任务有所推进，第三个任务完全落空。当今中国的民办大学，对以北大、清华为代表的公办大学，可以说构不成任何挑战与启示。"尽管目前的民办大学尚未对北大清华构成挑战，但是，有不少已经在同一层次高校中成为领跑者。在刘文魁看来，民办高校与公办高校不能去比拼硬件，也不去比拼规模，更不去比拼光环，而要比拼对学生的负责，比拼对一件事的坚持……

民办教育发展十问

一问

褚清源：《民办教育促进法》修订后，您怎么看当前民办教育发展的环境？

刘文魁： 这些年外出参加各种会议少了，但是我并没有减少对民办教育政策的关注。总的来看，今天的民办教育与10年前、20年前相比是发展了，并且是很大的发展，这一点大家有目共睹。没有政策的支持，就没有民办教育今天的发展。民办教育发展30多年来，政策确实在不断变化，但我们没必要因为政策的变化而恐慌，因为不确定的是政策环境，而能够确定的是自己。办学人永远要清楚自己最需要的是什么，要办一所什么样的学校，哪些事情能做，哪些事情不能做。

我知道，行业内"民办教育遭遇寒冬"的论调一直都有，一些人经常在喊。其实，无论是冬天还是春天，都是自己营造的。即便是在冬天里，也有学校能拥抱春天。民办大学最大的风险从来不在外部，而在内部，来自自己的恐惧和不安，来自管理、教学、服务等等方面。过度担心未来，不如守好当下。民办教育因为市场需求而生，也必然因为引领市场需求而兴。无论危与机，民办学校永远要做的就是服务、服务、服务。也有人说，民办学校要抱团发展，抱团发展固然重要，但是更重要的是要把自己的内功练好。民办大学只有练好内功，才能更好地发力。

二问

褚清源：作为第一代民办大学办学人，在新形势下，您对民办教育未来的发展信心如何？

刘文魁：充满信心。我这里有一组来自教育部的数据，截至2017年，全国民办高校有747所（含独立学院265所，成人高校1所），比上年增加5所；普通本专科招生175.37万人，比上年增加1.51万人，增长0.87%；在校生628.46万人，比上年增加12.25万人，增长1.99%。新招硕士研究生747人，在校攻读1223人。另有民办的其他高等教育机构800所，各类注册学生74.47万人。

这是一组令人欣喜的数字。其实，不只是2017年比2016年的数字在增加，再往前推，数字也都是在递增，这就充分说明了民办教育的整体发展是向好的。中国的教育结构一定是公办教育和民办教育两条腿走路，政府必然要两手抓两手都要硬。没有民办教育的教育生态是畸形的，也是走不远的。这一点，我们办学者要有足够的信心。

当然，我说民办教育的未来会更好，不是每一所学校都能变得更好，必然会有一些学校在竞争中会被淘汰出局。即便是那些规模庞大的学校，如果内涵建设搞不上去，同样会有风险存在。

三问

褚清源：您30年前开始办学，可以说见证了民办高等教育的整个发展过程。在您眼中，民办教育的社会地位发生了怎样的变化？

刘文魁：官方文件里已经说了，民办教育是社会主义教育事业的重要组成部分，是教育事业发展的重要增长点和促进教育改革的重要力量。"三个重要"的界定足以说明今天民办教育的社会地位。但是，我们也应该看到，《民办教育促进法》的"促进"精神体现得还不够充分，社会对民办教育还欠一份应有的信任。只有充分相信民间，民间的活力才可能被真正释放。政府要充分动员民间的力量来参与建设教育，改进教育。民间的活力是无限的，放手让民间的力量去探索，教育才可能集体繁荣。我很感动于浙江大学吴华教授对民办教育的鼓与呼，他给了民办教育莫大的支持。他曾写过一篇文章，呼吁给民办教育更宽松的环境。吴华教授说，民办教育为什么比公办教育更有活力？一个最重要的原因就在于民办教育为教育家精神与企业家精神的结合提供了巨大的可能性。

让我感动还有两位国家领导人的讲话。记得大概在2010年10月份吧，中国民办教育发展大会在郑州召开，是由中国民办教育协会主办的，我参加了这次会议。全国人大常委会副委员长严隽琪和全国政协副主席张榕明都出席了这次会议。严隽琪在讲话谈道：民办教育不是权宜之计，不是说我们综合国力不够强、国库空虚的时候要办民办教育，它是长久之计，是和公办教育共生的；不是开辟经费来源的一个单纯需要，是我们提高办学效率、增强教育系统的内在活力、加强教育改革动力的必须。张榕明在讲话则说：民办教育发展中遇到最大的障碍不是政策，而是偏见，是对民办教育的偏见，是陈旧观念催生的偏见。

两位领导人的讲话至今让人难忘。社会不能总是戴着有色眼镜去看民办教育。中国的民办高校需要多一点掌声，少一点批评。民办高校还很年轻，要允许它去试错。只有社会给民办高校更长的发展时间，让它去创新、去探路，让民办教育真正成为区别于公办教育的一种教育形态，才可能办出人民满意的教育。

四问

褚清源： 您怎么看待当前民办高校海外上市的现象？

刘文魁： 我对上市并没有研究，因为我并不感兴趣。我觉得一旦上市，学校就可能被社会化了，学校就可能受到更多利益相关方的牵制，至少教育的公益性势必减弱。企业界里有华为那么大的企业就没有选择上市。这值得民办高校的同仁去思考。

当一些民办高校对上市趋之若鹜时，我也在思考一个问题：中国的民办高校到底路在何方？也许上市融资可以加速学校的发展，它可以决定学校发展的速度，但决定不了学校发展的品质。民办大学的发展取决于办学人对待学生和教师的态度，取决于以什么样的价值观来治理学校。尽管目前中国的民办大学都缺钱，但决定其发展的核心因素一定不是钱，而是情怀和责任。如果有钱就可以办好大学，那中国的大学早就领跑世界了。

五问

褚清源： 您认为，民办大学目前有哪些短板需要提升？

刘文魁： 这样说吧，民办大学目前整体上还比较薄弱，因为大多数民办大学的资金来源比较单一。当资金投入跟不上的时候，学校的很多工作就可能滞后。我认为，就民办本科大学而言，目前的师资力量和科研力量还需要进一步提升。民办大学不能只有大楼，而没有大师。很多工作上不去就是因为这个岗位上缺乏优秀的人才。其实，科研工作也一样，如果有了雄厚的师资，科研工作自然就能上去。所以，未来民办大学之间的竞争会突出表现在人才的竞争上。

当然，民办学校也要反躬自问：你提供的教育是比公办学校更好的教育吗？你的学校里到底有多少教育创新？之所以这样说，是因为民办教育的发展整体上依然是粗放式的。所以，民办大学需要腾出更多的精力锻聚其核心竞争力，提升团队软实力，这才是当务之急。

六问

褚清源：面对当前宏观和微观层面的问题，您认为该如何破解民办大学的发展困境呢？

刘文魁：中国的民办大学在发展了30多年后，仍没有打破"天花板"。民办大学在很多时候还是二三流大学的代名词，无论是生源质量还是教学水平、科研水平，都不能与公办高校相比。中国民办高校"发育不良"的原因有很多，不像西湖大学一出生就风华正茂。

民办教育需要战略思想的再创新。何谓战略？我认为，就是选择做什么和不做什么？民办高校不可能沿着公办高校的路子去发展。凡是公办大学不愿意做、做不好的，我们民办大学要敢于去探索。比如，建立新的人才培养模式，这是目前整个高等教育遭遇到的最大难题。倘若民办高校能够利用其灵活机制，将人才培养模式的创新放在重要的战略位置上，对民办高等教育从边沿走向中心具有重要的意义。如果民办高校用不好体制机制的优势，不走差异化发展道路，没有特色，只有死路一条。

七问

褚清源：当前不少民办大学已经完成了新老两代的交接，不少"创二代"接过了拉力棒。您如何看待民办学校的家族式管理现象？

刘文魁：我曾经看到过一份资料，大概是说日本有不少传承了百年的企业都是家族企业。家族式管理当然有利也有弊，重要的是，如何去规避弊端，发挥好利好的一面。如果只是盲目批判家族式管理是有失理性的，我倒认为，民办大学有其特殊性，不能一味地拒绝一切家族力量。你的学校里即便没有一个家族成员，如果学校没办好，又有什么意义呢？

所以，我觉得，这可能是一个伪命题。学校到底选择什么样的人主持工作，主要是看什么样的人更适合，他必须对这所学校高度负责，对这所学校充满感情，能带好这支团队。既不能因为他是家族成员就重用他，也不能因为他是家族成员就拒之门外。

八问

褚清源：今年是改革开放40周年，您怎么看待民办教育在改革开放过程中所做出的贡献？

刘文魁：改革开放40年，我见证了整个过程，看到了改革开放40年来的全貌，也是改革开放的受益者。我在改革开放第10个年头时开始办学，那个时候，一部分人的创业意识已经觉醒。有人说，改革开放40年大致经历了三次助推，第一次是1978年十一届三中全会；第二次是1992年邓小平南方谈话，企业家群体中有"92派"现象就是证明；第三次是2001年中国加入WTO。我想，当改革开放走过40年的时候，应该是又一个重要的节点。

关于民办教育所做出的贡献，专家学者们都有具体的数据资料。民办教育的存在给整个教育带来了重要的价值。它应该像今天民营企业一样成为推动变革、引领变革的一支重要力量。无论形形色色的办学人出于什么样的办学目的，不管他抱着什么样的动机投资教育，他们客观上都在推动着教育的进步，都在培养人才，都不同程度地缓解了入学矛盾，增加了就业岗位。更何况，人们常说，多建一所学校就意味着少建一座监狱。但是，社会上对民办教育真正的贡献还缺乏应有的认识和理解。

民办大学是市场需求催生的产物，是改革开放背景下的新生事物。他因改革而生，也为改革而生，因此，改革是民办大学与生俱来的基因。民办大学必须走在改革创新的最前端，把更多的不可能通过改革创新变为可能。在我看来，中国民办大学最大的可能就是办成应用型的，以高品质就业为目标的大学。

九问

褚清源： 对您来说，创办这所大学意味着什么？

刘文魁： 人一生的时间总是有限的，总要选择一件自己认为最重要也最有意义的事情去做。做教育是值得我用一生去努力追求的事情。我是一名大学教师，教育是我喜欢做也能够做的事。30年前我创办这所大学，我也不知道能否成功，更没想到会发展到今天这样的规模。这里面很大程度上有历史机遇的因素。生活中，我没有多少业余爱好，偶尔会写写字，还有画画，但是并没有投入多少时间。我把更多的精力都放在了这所学校上。有朋友说，这所学校就像是我的第四个孩子。是的。学校里的一草一木在我眼中都有不一样的意义。

在生活方面我也没有太多讲究。一个人再努力地消费，又能花多少钱呢？人活着，在力所能及的情况下，总要给社会留下点什么。

十问

褚清源： 2016年11月7日，第十二届全国人大常委会第二十四次会议审议并通过了新修订的《民办教育促进法》，对民办学校实施分类管理。我知道咱们学校已经表明了选择"非营利性"的态度，对此您基于什么样的思考？

刘文魁： 我是非常坚定地选择非营利的。我知道，有民办高校在选营还是选非上一直保持观望态度。我的理解是，办教育永远要走正道、走大道，不走旁门左道。民办教育是公益事业，它最终是属于社会的。作为办学人，我们要努力做的就是，把学校办好，让学生认可，让家长认可，最终让政府认可，让社会认可。

学校是培养人才的地方，不是我个人的，而是国家的，是社会的，绝不能用教育来赚钱。民办大学的办学人要有教育的情怀和热情，不能把办教育看作一种投资行为。我跟教师们说过："把学生培养成德才兼备的优秀人才，这也是我一生所追求的。"30年来，我操心最多的就是，尽可能筹集到更多资金，投入到教学，投入到改善学生学习、教师的教学生活环境以及提高教师待遇上。近年来，学校的基础设施几乎年年增加，教师工资也在不断提高。

民办大学的发展不仅需要火把，还需要灯塔。火把照亮的是脚下的路，而灯塔则指向远方。灯塔在哪里？我认为，在党的教育方针里，在学生成长的最需要处。不管体制内体制外，执行党的教育方针不例外。民办大学要在党的领导下，把握好教育方针路线政策，用党建工作统领学校的各项工作，进而促进学校更好更快发展。

并非结束语

这是一个只有逗号没有句号的教育故事。

从租几间简陋教室起步的1988年，到在全国民办高等教育领域占有一席之地的2018年，刘文魁创办的郑州科技学院历经30年时间，实现了从0到1，又从1到N的跨越式发展。学校从最初做高考落榜生的"避风港"到培养应用型人才的一方"旗舰校"，30年来，创造了从非学历教育到高职教育到本科教育和国外合作办学"三级跳"的蝶变，走出了一条不同寻常的发展之路；30年来，本着"为国分忧，为民解愁，为社会尽责"的担当精神，累积为社会培养人才10多万人。粗略统计，按照河南生均15000元/年培养成本计算，郑科院已经为国家节约教育经费40多亿元，为1200多名教师提供了就业岗位。这是一个人梦想的变现，也是一群人努力的结果。

郑科院30年的改革和发展充分证明了一点，中国民办高等教育是高等教育改革的重要力量，也是改革开放的重要缩影；30年的数据和故事充分体现了刘文魁所说的"大学之大，硬在大楼，贵在大师，重在大策，行在大爱"。

30年，对于一个人来说，从出生历经婴幼期、童年期、少年期、青春期、青年期，迈入而立之年；对于刘文魁来说，他是改革开放的见证者、奋斗者和受益者，他以创业家的胆识和格局"一路闯越"，成为中国民办高等教育的领航者。

30年，对于郑州科技学院来说，值得举办一场载满鲜花、掌声、故事和感动的庆典。30年前，拿到办学许可证的日子恰恰是刘文魁生日的那一天。于是，每一年的5月16日，他就和自己亲手创立的学校一起过生日。但是，2018年建校30年的时候，刘文魁选择将庆典放在了下半年——一个写满收获的季节。

学校应改革而生，也因人才而盛。临近校庆的日子里，遍布在大江南北的全国校友纷纷通过各种方式与学校取得联系。他们都想回到自己的母校看一看，看一看昔日的学习场所，看一看曾经为他们辛苦付出的老师和已经80岁高龄的老院长。1991级校友孟洪斌一直从事文化产业，20年校庆时，他联络了40多名同学回到母校，送上了一块有全体同学签名的牌匾："桃李满天下，母校恩情深"。2018年30年校庆，他会再次返校追忆求学时的美好时光，也为学校的发展献计献策。

从郑州科技学院走出的毕业生，有不少受董事长创业精神的启发而走上了自主创业之路。1996级校友朱树金毕业后曾三次创业，后来进入房产中介领域，10多年过去了，他已成为中原地区房产中介的领军人物。谈到母校，他说："感恩母校的培养，如果没有郑州科技学院，就没有机会走向城市，就没有我的今天，也许就像我儿时的同学一样'子承父业'在内蒙古的草原上耕种一生。"

三十而立，对于一所学校来说，需要回看与展望，需要有"归零心态"，循道而行，初心不忘再出发。在通往下一个10年的路上，如何走得更好？刘文魁总结了"20字方针"，即"党建护航，思想引领，以爱育爱，深耕课程，重建课堂"。

党建护航。66岁入党的刘文魁认为，党建是最好的发展抓手。从2002年经河南省委组织部批准成立党组织，郑州科技学院一直坚持做"有温度的党建"。下一个10年，以党建确保方向，以党建凝聚人心，以党建促进发展，以党建为改革护航，依然是首席战略。

思想引领。30年，不仅仅是发展经验的储备，更是思想文化的沉淀。如果说过去的发展是靠摸着石头过河，以实践照亮实践的话，那么未来的发展必然要靠思想引领，用理论照亮实践。未来，郑州科技学院将坚定不移走好公益办学之路，本着"规模与质量协调发展"的原则，把经验上升为思想，把信心升华为信念，致力于建设领跑全国的应用型民办大学。

以爱育爱。郑州科技学院过去的30年是刘文魁践行"教育之爱"的30年。他一直高度认同中国教育学会名誉会长顾明远所说的一句话："没有爱就没有教育，没有兴趣就没有学习，教书育人在细微处，学生成长在活动中。"未来，郑州科技学院的师生将把所有的教育行为都建立在爱的基础之上，继续"为爱而教，为爱而育"。

深耕课程。30年来，刘文魁带领他的团队深耕工科教育这一最熟悉的领域，深化"产教融合、校企共建"战略，推进"精准育人"。他认为，应用型大学不是开设多少热门专业，而是开发多少适合学生的实用型课程，校企共建不是理论学习和实践的叠加，而是一种深度融合。未来学校将以"新工科"建设为契机，开启新一轮人才培养模式改革，把郑州科技学院建设成有为青年的"梦工场"和"90后""00后"的"创新工场"。

重建课堂。"大学的课堂再不改革，就会在更加开放的网络面前自然瓦解。"刘文魁说。16年前，刘文魁提出了"实践育人"的理念，如今，从这一理念再出发，学校将不断放大"做中学、做中悟"教学策略，把改革的主阵地锁定课堂和学习空间的重塑上，让图书馆成为重要的学习共享空间，逐步建立一种自主学习系统，充分释放学生自主学习和协同学习的热情。

砥砺求索，历风雨而弥坚；化育桃李，汇涓流而成江海。刘文魁和郑州科技学院用30年写就的教育故事，是由"爱和责任"汇聚的故事。这样的故事经由时间的沉淀，历久而弥新。如果时间再往后拉长30年，郑州科技学院会续写出什么样的故事？我们从这"20字方针"中大概能感受到故事的基本基调。

最好的坚守是当下，最好的可能在未来。尽管刘文魁已80岁高龄，但他和他的教育故事就在孜孜以求的发展路上不断续写着。他坚信，明天值得期待，明天一定比今天更好。

刘文魁自述

走向未来

我们学校从小到大，由弱到强，靠的是什么？我想，主要靠三个方面：一靠党和国家的政策；二靠广大教职员工的不懈努力；三靠我们抓好各个时期的机遇，随时调整不同时期的发展规划。

河南全省民办高校最多时有100多所，但大多数学校最终都没有了，能坚持到最后的所剩无几。有人说，成功是熬出来的，其实没有那么简单，每一所学校的成功都是关键时刻艰难选择的结果。政策都一样，就看谁能把握好、运用好，看谁能把领导队伍、教师队伍建设好。机遇也是一样的，就看谁的发展规划是符合形势、符合学校实际的。

记得新东方总裁俞敏洪曾说，民办教育培训机构要警惕行业的四大洗牌：一是被市场洗牌，二是被政府洗牌，三是被资本洗牌，四是被自己洗牌。其实，这四个洗牌同样适用于民办大学。尽管民办大学的整体抗风险能力要比民办教育培训机构更强，但这并意味着她就没有危机。实际上，我们要尤其重视"被自己洗牌"。

民办大学，一不小心就可能失去竞争力，只有不断创新管理机制，释放基层教师和管理者的工作积极性和创造性，才可能立于不败之地。当前，民办大学的转型就是要敢于革自己的命，从我做起，每个人都敢于改变自己。

我也知道，当我个人成为学校绝对的权威时，下属难免会投我所好，只报喜不报忧。这是我个人需要警惕的。

我国目前正在由"制造大国"向"制造强国"迈进，培育工匠精神迫在眉睫。大的发展形势不可逆转，作为民办大学，我们迫切需要落实好"创客理念"和"工匠精神"，让"工匠精神"引领应用型民办大学的发展。工匠精神不仅要成为我们培养人才的特质，也要成为教师队伍教学创新实践的重要精神。这就要求民办大学要深度变革人才培养模式，深度变革课堂教学方式。

之所以谈这些，因为我是工科出身，只想在自己熟悉的领域里做得更好。所以，我们的工科定位不会变，我们的新工科特色会继续强化，同时拉长校企结合的长板，补好科研的短板。我们还需要进一步完善办学思想体系，在教学改革上，坚持以学生为中心，办值得学生信赖的大学。

今年是30年校庆，而我需要更多地思考学校的未来。我想借此机会将学校的发展推向一个新的高度。

要继续发展就不得不去思考我们自身有哪些优势，存在哪些问题。既要向成功的学校学习先进的经验，又要认真分析失败的案例，吸取教训。别人吃一堑自己长一智，这才是智慧的学习者。

建校30年来，学校的发展受到了很多领导的关怀指导，也受到了很多同行的帮助。说到这些，我不得不说说胡大白校长。我们一路走来，守望相助，并肩前行，她给予了我很多支持和帮助。她敢为人先，一路领跑，为民办高校的发展树立了榜样。河南民办高校之间之所以能够和谐发展，与她作为民办教育协会会长的引导有很大关系。

附 录

刘文魁大事年表

1938年5月16日，出生于河南省周口市一个贫苦家庭。

13岁之前读过不到一年的私塾。

1951年，因为经常在家门口的小学教室门口偷听老师讲课，被校长发现后，得以免费入学。

1953年，用两年时间学完了小学的全部课程，最终以优异的成绩升入周口中学。

1955年，因为家庭经济困难，上了两年初中后辍学，经邻居介绍去甘肃天水学习驾驶。一个月后回到家乡。

1956年，参加了河南省第一技工学校在周口的招生考试，顺利被录取。河南省第一技工学校先后更名为河南职业教育学院和河南职业技术学院。

1958年上半年，从河南省第一技工学校毕业后留校任教。从此，与教育结下了不解之缘。

1972—1978年，借调到郑州市科委，跟随数学家华罗庚教授，共同研究推广优选法、统筹法。6年时间，先后走遍全国20多个省市。其间，出版了两本书。华罗庚为《优选法在机械加工中的应用》一书撰写序言。

1978年，"文革"结束后，学校开始复课，从郑州市科委回到学校教学，兼任班主任。

1987年，出于对九三学社普及国民教育使命的追求，加入了九三学社。

1987年年底，随九三学社郑州市委组织的新加坡考察团，第一次走出国门。也是这次新加坡之旅让他萌生了创办一所大学的想法。

1988年5月16日，经郑州市教委批准，郑州中原职业大学正式挂牌成立，开始租赁校舍办学。

1989年，经河南省教委批准，学校重新申报建立中原职业大学，举办高等教育自学考试辅导。

1996年5月，经河南省教委批准，中原职业大学更名为郑州科技专修学院。

1997年，经河南省教委批准，学院成为高等教育学历文凭考试首批试点学校，实现了由非学历教育向学历教育的过渡。

1998年，学院迎来10年校庆。时任全国人大常委会副委员长吴阶平题词祝贺，副省长张涛出席庆典。

2001年实施专科学历教育，经河南省政府批准（豫政文〔2001〕51号文），学院更名为郑州科技职业学院，实施高等学历专科教育。

2002年，学校经河南省委组织部批准成立党组织，隶属于省委高校工委，成为河南省第一所隶属于省委高校工委的民办高校。

2004年11月20日，河南省社会力量办学协会正式更名为河南省民办教育协会，当选为协会副会长。

2007年，在全国高职高专人才培养水平评估中，学院被评估为优秀。

2008年4月，经教育部批准（教发函〔2008〕101号），学院升格为郑州科技学院，实施高等学历本科教育。

2012年，经河南省学位办批准，学院取得学士学位授予权，并为首届本科毕业生授予学士学位。

2013年，学院采用校企合作与学生综合素质教育成果展示的方式，庆祝建校25周年。

2014年，学院被中国应用型大学联盟吸纳为正式成员单位。

2015年，学院接受教育部本科教学合格评估。

2016年，学院顺利通过教育部本科教学工作合格评估，并在全省民办高校中率先实施双学位教育。

2016年11月，刘文魁荣获九三学社中央委员会最高荣誉"全国九三楷模"称号。

2017年年初，九三学社河南省委发出号召，在全省九三系统开展向刘文魁学习活动。2月28日，九三学社河南省委举行了"九三楷模"刘文魁同志先进事迹报告会。

2017年6月23日，由高校智库发布的2017年全国民办大学排行榜，郑州科技学院在全国参与排名的424所民办高校中名列第三位。

2018年2月20日，刘文魁署名文章《郑州科技学院的创业历程》在《河南省文史资料》2018年第1期刊发。

2018年4月26日，改革开放40周年教育豫军总评榜暨第九届河南高等教育领军高校高峰论坛活动在河南日报报业大厦举行。刘文魁荣获"改革开放40周年河南高等教育十大突出贡献人物"称号，学院被评为"改革开放40周年具国内影响力河南十大民办高校"。

2018年6月12日，2018届本科生毕业典礼暨学位授予仪式在音乐厅举行。董事长刘文魁为毕业生颁发学位证书、拨苏正冠，并寄语广大毕业生。

2018年8月14日，九三学社陕豫两省合作对接会在学院召开，省政协副主席、九三学社河南省委主委张亚忠等出席会议。经过协商，学院与九三学社西安交通大学委员会、九三学社西安电子科技大学委员会达成合作意向。

2018年8月24日，学院召开新学期全校中层干部会议，围绕"办全国一流的高水平的民办大学"总目标，董事长刘文魁提出了学校发展战略的新思路：明确目标、制定规划、齐心协力、恪守职责、提高质量、特色发展。

2018年10月12日，学院建校30周年成果汇报大会举行，全国政协常委、河南省政协副主席、九三学社河南省委主委张亚忠等领导出席大会。刘文魁在大会上再次解读郑科院的"四种精神"。

刘文魁教育智慧22条

1.大学之大，硬在大楼，贵在大师，重在大策，行在大爱。

2.办学没有居安思危就像温水煮青蛙，办学没有创新就是逆水行舟。

3.民办大学的发展就像在等公交车，谁都想挤上去，只有挤上去了才有更大的发展机会。

4.有德有才是上品，有德无才是半成品，有才无德是危险品，无才无德是废品。对德才兼备的人要重用，有德无才的人要培养着用，有才无德和无才无德的人坚决不用。

5.让我们的毕业生真正做到"就业有路，创业有助，升学有望，发展有道"。

6.做小事者，要勤奋，能吃苦，忠诚，敢担当；成大事者，要有好的品行、胜人一筹的智慧、充足的资源、良好的机遇、超凡的能力和过人的胆识。

7.要成为成功的创业者必须具备四条重要的特质：一是胆识，二是诚信，三是勤奋，四是智慧。

8.贫穷可能让你走向愚昧，愚昧又会导致贫穷，如果贫困家庭的孩子失去了上学这个通道，就可能陷入这样的死循环。

9.我们坚持三个不变：坚持教育的公益属性不能变，坚守学生立场不能变，坚持工科教育定位不能变。

10. 应用型民办大学并不排斥和拒绝研究，相反会以科研来带动和反哺实践应用。

11. 知识在书中学，在使用中学，在生活中学，在交往中学。

12. 学历能力靠自己努力，文凭水平不能空口无凭。

13. 困难就像弹簧，你强它就弱，你弱它就强。

14. 有些事，不管它有多么困难，你不去做，它永远都是那么难，但是你努力去做了，就会发现并没有想象的那么无解。走过去，灯会亮起来。

15. 无论学校遇到多大的困难，我们所有的决策都要以不伤害学生利益为底线。

16. 这一生除了教育，再无其他多余的追求，一心只为做最真诚的教育，做最值得学生信赖的教育。

17. 民间的活力是无限的，放手让民间的力量去探索，我们的高等教育才可能集体繁荣。

18. 社会对民办教育还欠一份应有的信任。只有充分相信民间，民间的活力才可能被真正释放。

19. 办教育永远要走正道、走大道，不走旁门左道。

20. 对我办教育影响最大的有5个人，分别是孔子、陶行知、蔡元培、张伯苓、武训。

21. 学校未来发展的"20个字"方针，即党建护航、思想引领、以爱育爱、深耕课程、重建课堂。

22. 我喜欢《道德经》里的两段话："人法地，地法天，天法道，道法自然。""曲则全，枉则直，洼则盈，弊则新，少则得，多则惑。"

郑州科技学院个性名片

姓　　名：郑州科技学院

曾 用 名：中原职业大学、郑州科技专修学院、郑州科技职业学院

出生年月：1988年5月16日

星　　座：金牛座

创 始 人：刘文魁

校　　训：博学、笃行、明德、至善

籍　　贯：中国 河南 郑州

住　　址：郑州市马寨经济开发区学院路1号。

愿　　景：建设全国一流应用型民办大学。

理　　念：办一所值得信赖的大学。

使　　命：为国分忧，为民解愁，为社会尽责。

特色定位：学校以本科学历教育为主，以工科为特色，经济、管理、艺术等多学科协调发展。

个性签名：低调，执着，有为青年。

家庭成员：学校有机械工程、电气工程、信息工程、土木建筑工程、车辆与交通工程、食品科学与工程、工商管理、财经、外国语、艺术、音乐舞蹈、体育、马克思主义、基础部等15个二级学院（部）。

家庭最新成员：新组建了"智能制造学院""泛IT学院""全球供应链&跨境电商学院""创新创业学院"四个创新学院，作为新工科人才培养平台，在虚拟现实技术、智能机器人、智能制造、3D打印技术、物联网工程、新型数控机床、新能源等方面开始新的探索。

家中藏书：图书212万册，电子图书70多万种。

家庭资产：资产累计近20亿元。

家族精神：艰苦朴素的创业精神，大公无私的奉献精神，团结实干的拼搏精神，锐意改革的创新精神。

扫码观看视频：

郑州科技学院影像志

后　记

　　生活中，有人愿意在岸边花费一个下午去等待一条上钩的小鱼，有人愿意驾车数千公里只为一次说走就走的旅行，而我愿意用近一年时间去聆听一位80岁老人的心路历程，愿意用一生的时间来观察并记录一个行业的发展。

　　写这本书，让我有机会造访一位80岁老人的内心世界。这是一种不一样的采访体验，尽管采访与写作之间尚有素材选择的纠结和焦虑。这本书，我是带着一颗感恩之心来写的，也是带着媒体人的客观立场来写的。在过去的10个多月的时间里，一有时间，我就回到学校，访谈或在档案馆里查阅资料。因为只有最大限度地收集资料，才可能写出更丰满、更有质感的人物。我花费了大约7个月的时间来采访收集材料、梳理书的框架和思路，用两个多月的时间来投入写作。当付梓进入了倒计时，我开始陷入了焦虑之中。这可能是写作者的常态，但这种焦虑的背后更多的是期待。这种期待才是最美好的。一段时间以来，我几乎每天晚上都要写到大概23：00才休息，第二天6点起床继续写，坚持平均每天6000字的速度加速写作。

　　能以这样的方式为自己母校的30年华诞献礼，是一件十分赋能的事情。对于一名文字工作者而言，这可能是最佳的感恩方式。

　　这本书不仅有办学人刘文魁先生的梦想与荣光，也有他的反思与内省。

这是一个真实而丰满的集创业家和教育家为一体的长者形象。他对教育的全情投入和宗教般的情怀，可能很难用言语去描述，但是，在采访和写作过程中，我愈加懂得一位老人对教育的坚守，愈加懂得一位创业家的教育雄心和一位教育家的仁爱之心。我在一次次的感动中感悟了很多，这种感动不仅在写作的当下，还会延续到未来。

时间总是呼啸而过，所以人们的记忆难免是粗线条的，挂一漏万的。再加之时间紧，采访到的素材有限，所以，这本书里所展现的只是刘文魁先生生活和工作中的一部分。在他身上以及这所大学背后还有很多未可知悉的细节，也许那恰恰是更值得阅读的部分。

没有人可以脱离他所处的时代。所以，这本书不仅提供故事、细节和观点，还提供历史。我是将这本书放在了改革开放和民办教育大发展背景下来写的。用观察者的视角写一个人物，记录一个伴随着改革开放进程而发展起来的民办教育样本——一所民办高校创始人的成长史略。书中的不少篇章都试图复盘民办大学发展的某一段历史。郑州科技学院所走的每一步，几乎都对应了改革开放的重要节点，对应了中国民办高等教育发展过程中的每一次脉动、蝶变和转型。

每一本书都有其特定的指向。这本书既是向一位80岁还耕耘在民办教育一线的老人致敬，也是向以刘文魁先生为代表的第一代民办教育人致敬。

我相信，业界不同的人读到它的时候，感受一定是不一样的。一本书当真正面世之后，这本书已经不属于作者，也不属于这本书的主人公，而属于每一位读者。我希望，熟悉他的人能从这本书中读出过往，不熟悉的人能从中读出创业的不易；希望大学创始人能从中读出共识和真诚，管理者能从中读出方法和智慧，一线教师能从中读出方向和情怀，在校大学生能从中读出"奋斗感"！

为民办学校写史，为民办教育立传，一直是我给自己确立的一个小小的职业梦想。作为一名教育媒体记者，我愿意以记录者的名义，通过对创业者个体的描述和记录，来为民办教育行业的细节存档。

记得《中国民办教育调查》一书中有这样一段话："在中国民办教育前进的路上，出现了这样一幅令人荡气回肠的悲壮画面：一批批创业者倒下去，又有一批批创业者加入这支队伍。用前赴后继这个成语来形容中国民办教育的历程也许格外地恰如其分。"

改革开放40年来，时代所赋予的勇气、馈赠的机会，让越来越多的创业者走上了办学之路，让教育领域增添了更多生动的故事。当这本书面世的时候，寻找下一位教育创业家的工作已经开启，期待您成为其中的一员。

褚清源

2018年10月于北京

鸣　谢

一本书出版的背后注定有太多人的付出。

首先感谢母校的悉心培养和董事长刘文魁先生的知遇之恩，感谢他对我无条件的信任，让我有机会以一本书的形式礼赞母校三十华诞！

感谢可淑文副董事长、秦小刚副董事长、刘赛赛常务副院长、刘欣副院长、程金城副院长，以及不少校友如朱树金、侯曲平、孟洪斌、牛金钟等师兄师姐，在百忙之中接受采访。感谢郑州科技学院的宋国华老师、岳朝杰老师和房国新老师等为本书写作提供了大量的资料。

感谢每一位正在工作或曾经工作在郑州科技学院的人，他们的努力让这所学校不断攀升，写就了从优秀走向卓越的成长史。

感谢山东文艺出版社副总编辑杨智先生、责任编辑孙运宋兄弟，在时间如此紧张的情况下，他们始终保持严格的编校标准和高质量的设计水平，让人感佩。这是职业出版人的专业精神。

像往常一样，我深深地感恩于我的爱人。她给了我太多的包容和理解，悉心照顾不到一岁的儿子，让我可以腾出更多的时间投入到这本书写作。

还有很多需要感谢的人，在这里不再一一列举，总之，感谢所有为本书的写作和出版提供过支持的人。

需要说明的是，本书自述部分是根据刘文魁的访谈录音和历年来的讲话稿等相关资料整理而成。书中的部分篇章引用了媒体报道和网络资料，在此一并向写作者表示感谢！

图书在版编目（CIP）数据

八十而述 / 褚清源著. — 济南：山东文艺出版社，
2019.1
　ISBN 978-7-5329-5430-8
　Ⅰ.①八… Ⅱ.①褚… Ⅲ.①刘文魁—传记
Ⅳ.①K825.46
中国版本图书馆CIP数据核字（2018）第276783号

八十而述

褚清源　著

主管单位　山东出版传媒股份有限公司
出版发行　山东文艺出版社
社　　址　山东省济南市英雄山路189号
邮　　编　250002
网　　址　www.sdwypress.com

读者服务　0531-82098776（总编室）
　　　　　　　0531-82098775（市场营销部）
电子邮箱　sdwy@sd.press.com.cn

印　　刷　肥城新华印刷有限公司
开　　本　710毫米×1000毫米　1/16
印　　张　17
字　　数　215千
版　　次　2019年1月第1版
印　　次　2019年1月第1次印刷
书　　号　ISBN 978-7-5329-5430-8
定　　价　45.00元

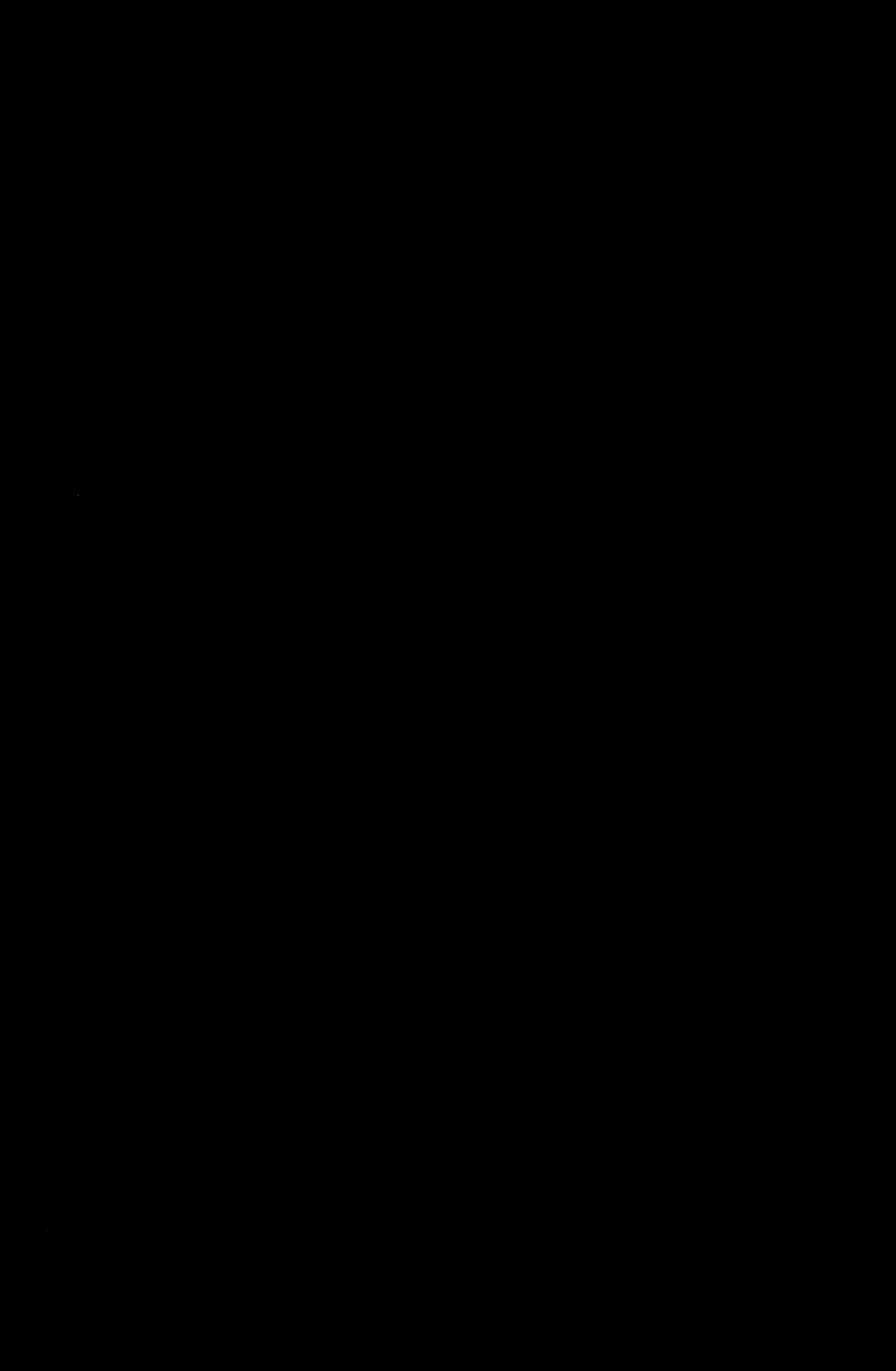